必ず成功する起業の心得

ゼロからでも確実に成功を掴める！

起業の不安を99％解消！

今井 孝
Takashi Imai

必ず成功すると分かっていたら、
あなたは何がしたいですか。

「自分の好きなことをして自由に生きていきたい！」
「世の中に対して大きな影響力を持ちたい！」
「こんな社会問題を解決したい！」

そんなことが実現したら、本当に素晴らしいことだと思います。最高の人生がそこには待っています。

必ず成功すると分かっていたら、誰もがその進路に一心不乱に進んで行くことでしょう。

しかし、現実に「絶対」はありません。

多くの人が

「何から始めればいいか分からない」

「失敗したらどうしよう」

「またそのうちやろう」

と、理想の人生への一歩を踏み出せずにいます。

一方で、想いを行動に移して、理想を手に入れた人たちもいます。

実際、私がサポートさせていただいた、さまざまなスモールビジネスの起業家の方々がいらっしゃいますが、多くの人が理想の人生を謳歌《おうか》されています。

業種もさまざまで、カフェ、英会話講師、ネットショップ、カウンセラー、セラピスト、投資教室、ダンススクール、士業、経営コンサルタント、結婚相談所、料理教室、貿易関連、音楽教室、ライター、研修講師、整体師、占い師、ウォーキング教室、デザイナー、アーティスト、保険営業、民宿、不動産販売など、細かな業種まで分けると百種類を超えます。

年に数千万円を売り上げる方も少なくありません。

もちろん、お金だけではありません。

苦手な人間関係からは解放され、自由な時間を手に入れ、好きな場所に住み、趣味にも多くの時間を使えるようになっています。空いた時間で楽器やダンスを習い始める方や、海外のトライアスロンに参加する方など、皆さん人生を謳歌されています。

そして、夢だった出版を果たしたり、大きな企業との取引をスタートさせたりと、どんどんとご自身の可能性を広げられています。

また、親御さんの介護にじっくり時間を使う人もいれば、親が作った数千万円の借金を返済するなど、親孝行ができるようになったという方も少なくありません。

そして、多くの人が感じるのは、「お客様の役に立てている」という喜びです。これが、自分の力でビジネスを始める、一番の報酬ではないでしょうか。

では、彼らは何が違うのでしょうか？　何か特殊な能力を持っていたのでしょうか？

実は、彼らも普通の人間です。なんの違いもありません。スキルも高くないし、人脈があったわけでもないし、お金も少額しかないし、経験なんてゼロのところからのスタートでした。

ただ違うことと言えば、彼らは「安全な起業のアプローチ」でビジネスを進めて行ったということです。

実は、昔とは違って、起業と言ってもそれほど大きな資本は必要ありませんし、さまざまなインフラは整っていますし、少々のことでは再起不能になるほど致命傷を負うことはありません。

それに、起業のプロセスで人が失敗するところはだいたい決まっています。多くの人が、同じようなところで失敗をするわけです。

逆に言えば、失敗を極力避けるような道筋で進んでいけば、いつかはそのビジネスは成功するということです。

例えば、

・起業の準備段階では「無料でできること」がたくさんあります。それを知っていれば、かけるお金は最低限で済みます。

・商品を作る前から、「買ってくれるお客様」が集まってくれる方法を知っていたら、在庫と借金を抱える心配がありません。

・売上の根拠を客観的に計算できれば、無意味な投資をしなくて済みます。

・どこにお金をかければ効果が高いかを知っていれば、安心してビジネスを大きくしていくことができます。

・お客様がリピートしてくれるしくみを作れば、ビジネスは安定します。

こんな風に安全な道のりをたどって進めていけば、どんなビジネスでも成功させることができます。

全体からすれば、挑戦をする人はほんのひと握りです。

一歩踏み出してチャレンジしたひと握りの人たちは、充実した日々を送り、人生を大いに楽しんでいます。

同じように挑戦したあなたの5年後、10年後は、想像以上に楽しく、華やかで充実したものになることでしょう。

「こんな人生があったなんて」と驚いているかもしれません。

自分のビジネスでやっていきたいという想いを、1つひとつ現実に変えていったあなただから、その景色を見ることができるのです。

本書には、必ず起業に成功したい方が知っておくべき、安全に起業を進めていくうえでの心得を集約しました。

些末なテクニックでもなく、すぐに時代遅れになるノウハウでもありません。「これが稼げる」という流行のビジネスの情報でもありません。

どんな時代にも応用の利く、一生ものの起業の心得です。

あきらめなければ、あなたの起業は必ず成功します。

さあ、あなたの理想のための一歩を踏み出してください。

今井　孝

はじめに 3

第1章 必ず起業を成功させる人のマインドセット 15

1-1 絶対にうまく行く人は「計画」をこう使う 16

1-2 成功とは「百発百中」ではなく「一勝九敗」である 29

1-3 起業とは「正解」を作り出す側になること 42

1-4 「1回目の失敗」をケアできれば必ず成功する 58

第2章

お客様の笑顔と利益が生まれるビジネスのしくみ

お客様の笑顔と利益が生まれるビジネスのしくみ ―― 73

2-1 成功の「根拠」を積み上げることでビジネスは完成する ―― 74

2-2 お金もリスクも最小限でスタートする具体的な手順 ―― 89

2-3 売れる商品が生まれるのはなぜか？ ―― 102

2-4 同じ商品からでも「大きな利益」と「深い満足」は生み出せる ―― 117

第3章

お客様との特別な関係を築き上げて売上を生み出す ―― 131

3-1 そのお金の使い方で、お客様は増えるか？ お客様は喜ぶか？ ―― 132

3-2 「商品」よりも先に「お客様」を作る ―― 145

3-3 集客を必然にできれば起業の不安の9割はなくなる ―― 157

3-4 心からお客様のためにセールスすれば感謝される ―― 173

3-5 ビジネスの「安定」はどこから来るのか？ ―― 185

第4章 確実に成果を出すための実務のしくみ 199
4-1 成功は「今日やること」の明確さに比例する 200
4-2 周りが喜んで協力してくれる３つのポイント 214
4-3 ビジネス効率を高めるために最初にこれをする 228

第5章 ビジネスを通じて幸せを手に入れる 241
5-1 理想のライフスタイルを実現するには 242
5-2 売上よりも、もっと大切なもの 257
5-3 何が起こっても動じないメンタルを手に入れる 271

おわりに 285

第1章

必ず起業を成功させる人のマインドセット

1-1 絶対にうまく行く人は「計画」をこう使う

起業家が作る計画の9割は破綻する

「ようし！　失敗しないように、綿密に計画を立てよう」

「この計画通りにビジネスを進めなければ」

という考えが、まさに起業の「失敗」の原因になるかもしれません。

多くの人は、計画通りにいかないことを「失敗」と呼びます。

しかし、それは本当の失敗ではありません。

本当の失敗とは、計画通りにいかなかった時に、あきらめて行動をストップしてしまうことなのです。

実は、私も起業前に事業計画を立てました。1年ぐらいの収支もシミュレーションしてみました。自分の会社員時代の新規事業立ち上げの経験を活かしてビジネスをしようと思っていたのです。

「毎月セミナーやイベント」を行うこと、ノウハウを「CD教材」にしてネット販売をすること、そして「新規事業のコンサルティング」を行うことなどを計画していました。

事業計画の資料を作って、いろいろな業種の起業家の先輩に見てもらいました。

「いいと思うよ！　頑張って」という言葉をたくさんの人にもらいました。

しかし、いざ始めてみると、計画は3ヵ月で破綻しました。

まず、毎月セミナーやイベントを開催するために、

・新しいホームページを作り
・集客をして
・入金などの管理をして

・参加者のフォローをして

ということを繰り返すというのは、自分の限界を超えた作業である、ということにすぐに気付きました。

あっという間に夜が来て、「ああ、もう無理……。明日やろう」となって、バタッと倒れて寝る、という毎日でした。やろうとしていた作業はズルズル後回しになり、計画はあっという間に絵に描いた餅になったわけです。

「CD教材」もほとんど売れませんでした。ネットなら何でも売れるだろうという甘い考えは、まったく通用しなかったのです。

一度も売ったことのない商品が計画通りに売れるはずがないというのは、今なら分かりますが、当時はとても落ち込みました。

そして、事業の軸にしようとしていた「新規事業のコンサルティング」については、そもそもコンサルティングを依頼してくれる会社を探す方法が分かりませんでした。そうやって、経費だけがどんどん出ていきました。

私は小心者だったので、不安で胃がキリキリと痛み、緊張して腰がパンパンに張っているという日々でした。本当に焦っており、自分はダメな人間なのではないかと思ってしまいました。

無理な計画、甘すぎる計画

そんな時に気が楽になったのも、また先輩の方々の言葉でした。

周りの起業家の方々に聞いてみると、皆さんそろって、

「そんなもんだよ。それが当たり前だ」

と言ってくれました。

「計画通りにいったことなんてない」

と誰もが笑います。

ほとんどの方が、計画通りにいかないという経験をされています。

真面目な人ほど無理な計画を立ててしまいます。

「起業家たるものこうあるべき」

という思いで、自分に過度に負荷をかけます。

また一方で、「超楽観主義者」の起業家もたくさんいます。

そういう人は、自分の理想通りに物事が進むと思っています。**「これぐらいやれるだろう」と思って楽観的で甘い計画を立ててしまいます。**

しかし、実際は予想外のことがたくさん起こりますし、あてにしていたことがうまくいかず、すぐに計画が破綻してしまいます。無理な計画はやはり無理なのです。

考えてみると、そもそも、本当に計画通りにいくことなんてあるのでしょうか?

私は比較的大きな会社に勤めていましたが、予定通りに事が運んだプロジェクトをいまだに見たことがありません。どんなプロジェクトもトラブルの連続です。

けっこう保守的な人間が集まっている会社でさえそうなのです。ましてや新しいビジネスを立ち上げるにあたっては、予想外のことが起こることは当然です。

私の計画に「いいんじゃない」と言ってくれた方々は、皆さんそれを経験済みでした。事業計画を書いても、やってみないと分からないことの方が多いので、「まずは始めてみろよ！」という気持ちで背中を押してくれたわけです。

私も今はコンサルタントとしてビジネスの立ち上げの相談も受けますが、計画に100％の完全性を求めることはしません。

その代わり、計画の中の「予測できること」と「予測できないこと」の切り分けを行います。

そして、計画通りにいかないことを前提にビジネスを始めてもらいます。

その覚悟をしてもらい、背中を押すのが私の重要な仕事の1つなのです。

計画が破綻したのに、なぜ成功するのか？

さて、計画がうまくいかないことがほとんどだとして、それでもビジネスを軌道に乗せる人とそうでない人がいます。その違いは何なのでしょうか？

それは、計画通りにいかなくなった時、そこからなんとか成功するまで試行錯誤するかしないかの違いです。

「ああでもない、こうでもない」と、商品を変えたり売り方を変えたり、さまざまなことで対処していく人は、最後には成功します。

一方で、当初の計画に固執してしまうと、動きがストップしてしまいます。

この違いなのです。

私の場合は前述の通り、起業して最初の1年は大赤字で目も当てられない状況に陥りました。ネットでCD教材を売ろうとしてもダメ、毎月のセミナーは開催できなくてダメ、ということでジタバタしていたのですが、たまたま有名な講師のセミナーをプロデュースする事業を始めて、ようやくビジネスが軌道に乗り始めました。

当初、まったく考えていなかったビジネス形態ですが、それが収益の柱となり、人脈も広がり、今の自分を作ってくれました。毎回３００人以上の方々に定期的に集まってもらえるようになって、その集客方法を教えてほしいという人が増えて、今度は自分がそれを教えるようになっていったのです。

もし、当初の計画が頓挫《とんざ》した段階であきらめていたら、今ごろはまた会社勤めに戻っていたと思います。

今となっては笑い話ですが、「葬りたい過去」として秘密にしていたかもしれません。

ビジネスをされている方に聞いてみると、私と同様に、最初に計画していたことで成功している人はほとんどいません。皆無と言ってもいいくらいです。

つまり、起業家になるということは、完璧な計画を立てて遂行することではないということです。想定外のことに対処し続けるということなのです。そして、最後になんとか帳尻を合わせるということです。決して予定通りに事を進めるのが仕事ではありません。

起業の成功は試行錯誤の数に比例します。

計画通りにいかなくなってからが起業家の本当の仕事のスタートです。

資金的にも足りなくなってくるかもしれませんが、そこからが腕の見せどころです。今まで数多くの人を見てきましたが、必ず何とかなります。

もう無理だと思った時に、考えて考えて、知恵を絞って新しい方法が見つかるということが、私の周りでは毎日のように起こっています。

「こんな方法があったのか！」

と、周りの人が驚くような方法を見つけることが、あなたを特別な存在にしてくれます。

最後に成功する人はビジネスをどのように計画しているのか？

「試行錯誤する」というのは、当たり前のように聞こえるかもしれません。

しかし、実際の起業の現場では、これがなかなか簡単ではありません。

というのは、多くの人は計画がうまくいかない時にガックリと落ち込んでしまうからです。

計画通りにいかないこと自体が問題ではなく、計画通りにいかない時に落ち込んだり、やる気を失ってしまうことが大きな問題なのです。

小さな会社の場合、売上は「社長の感情」の状態に比例します。

ということは、**起業家の仕事の大部分は「自分のメンタルを常によい状態に保つこと」**だと言っても大げさではありません。

実際、コンサルタントの仕事も、やり方や理屈をお伝えすることより、メンタル的なサポートの方が大きな割合を占めます。

本人が落ち込んでしまうと、そこで事業は本当に終わってしまいます。

では、落ち込まないためにどうすればよいのでしょうか？

大事なのは、

「2、3ヵ月ごとに計画を見直す」

というぐらいの気持ちで臨機応変に考えておくことです。

「最初の計画は破綻するもの」

と思っておけば、心のダメージは最小限で済みます。

逆に、

「絶対に成功する完璧な計画ができたらスタートする」

と思っていたらいつまでも始められませんし、破綻した時にはショックが大きくなります。

起業家に必要なのは、深刻にならずに、むしろうまくいかない状況を面白がって楽しめるぐらいになることです。
すぐに簡単に成功してしまったら、それはそれでつまらないものです。
起業のプロセス自体をぜひ、楽しんでください。

計画通りにいかなくても夢を叶えればＯＫ！

失敗したくないという不安は誰もが持っています。
でも、心配はいりません。
「何のためにやるのか？」ということを忘れなければ、起業に失敗はありません。
成功への道のりを一歩ずつ進み、あなたは成長しているのです。
行動し続ければ、必ずあなたの夢は実現します。
あきらめずに試行錯誤し続ければ、夢は叶います。
宝くじは何枚買っても当たる確率はさほど変わりません。

しかし、ビジネスは試行錯誤するほど成功確率は高まります。知識や経験も積み重ねられますし、人脈も少しずつ増えてきます。助けてくれる仲間も集まってくることでしょう。

そして動き続けていると、予想してなかったチャンスが目の前に現れます。

夢が叶った時、それはきっと当初の計画通りではないでしょう。
あなたの夢は、思い描いていたのとはまったく違う形で実現するものなのです。

ですので、計画や手法に固執する必要はありません。計画にこだわるということは、手段にこだわっているに過ぎません。

本当に必要なのは、目的にこだわることです。

それさえ忘れなければ、いくら計画が変わっても、いくら失敗しても問題ありません。
行動し続けてさえいれば、最後にはあなたは成功してしまいます。

1-2 成功とは「百発百中」ではなく「一勝九敗」である

「百発百中」を狙っていることに気付こう

「失敗しない」という考え方は、起業したら捨て去ってください。

それはサラリーマン時代の思考です。

会社に勤めているのであれば、「失敗しないこと」で「安定した給料」をもらえますので、この思考は悪くない考え方です。

一方で、起業家は「たくさん失敗」をして、その中の1つの成功で「莫大な利益」を得ます。

その1つの成功を探し当てるために、試行錯誤を何度も何度も繰り返すわけです。

ですので、「百発百中」はあり得ませんし、目指すことではありません。

こういうことは、どこでも言われていると思います。
あなたも、「早くたくさん失敗したほうがいい」ということを、一度は聞いたことがあるのではないでしょうか？

しかし、理屈で分かっていても、感情で納得していない場合も少なくありません。
気付かずに「百発百中」を目指していて、止まっていることもよくあります。

例えば、

- **商品を発売開始できない。**
- **提案に行けない。**
- **チラシを作れない。**
- **ＷＥＢサイトを公開できない。**
- **プロフィール写真を撮れない。**
- **文章をブログにアップできない。**

など、小さなことなのに先延ばしになっていることはないでしょうか？

何ヵ月も、もしくは何年も先延ばしになっていることはないでしょうか？


こういう時は、多くの場合、百発百中を狙って動けないのです。

そして困ったことに、自分がそう思っていることに気付かないのです。


私にもそんなことがありました。

一時期、名刺が作れない時期があったのです。2年ほど、名刺を印刷しませんでした。

それは、「肩書が決められない」という理由です。

名刺を作ってみたはいいけど、反応がよくなかったらどうしよう、また作り直すのは大変だ、という思いがあって、ずっと止まっていたのです。

でもその時には、自分では百発百中を狙って止まっているとは気付きませんでした。


私のように、気付かずに時間を無駄にしないために、この質問をご自身に投げかけてみることをおすすめします。

「最初からうまくいかせようと思っていないだろうか？」

いくつかの仕事について、この質問をしてみると「百発百中」を狙っていることに気付くかもしれません。

いかがでしょうか？　心当たりはあるでしょうか？

あの時の私が、「最初からいい肩書を作ろうとしてないか？」と自分に問いかけていたら、もっと早く動き出せていたに違いありません。

完璧は永遠にあり得ない

このように「百発百中」を目指すということは、行動ができなくなる原因になりますので、非常に効率の悪い行動基準です。

準備が完璧になったら行動しようと思っても、完璧な準備は永遠にできません。

商品の不備は気になるし、他社製品と比較して劣っている所が目につきます。もっと多くのニーズに合うようにと思うと、改善することは山ほど見付かります。
結局は、ズルズルと行動を先延ばしにしてしまうのです。

もちろん、完璧なクオリティは目指すべき目標かもしれません。
最高の品質を目指して、日々努力することは素晴らしいことだと思います。

しかし、**「完璧を目指して行動する」のと、「完璧になるまで行動しない」のとでは、まったく意味が異なります。**

この世の中には完璧は存在しません。
完璧は目指すものではありますが、永遠に到達することはできません。

私たちは、完璧を目指しながらも、現時点のクオリティで仕事を始め、やり遂げる必要があるのです。

商品に自信がなくても、文章をもっと書き直したくても、資料が不十分でも、そのレベルで動き出さなければ何も始まらないのです。

「一勝九敗」でいいと思えたら

「百発百中」の対義語としては、「一勝九敗」が対応するかもしれません。動ける人はまさに「一勝九敗でいい」と思っています。

「最初は失敗してもいい」と思えた時に、人はようやく最初の一歩を踏み出すことができるのです。

行動できる人は、どのように考えているのか？　言葉にするとこのような感じです。

「最初は売れないかもしれないけれど、まずはリリースしてみよう」
「提案が通らないかもしれないけれど、その時はニーズをしっかり聞こう」
「いいチラシができないかもしれないけれど、また作り直せばいい」
「WEBサイトの反応がないかもしれないけれど、改善していけばいい」
「いいプロフィール写真が撮れないかもしれないけれど、また撮りなおせばいい」

「ブログの評判がよくないかもしれないけれど、書き直せばいい」

ご自身がストップしている仕事に対しても、「最初は失敗するかもしれないけれど、やり直せばいい」と思えるでしょうか?

「損したくない」と思っているのなら動けませんが、**「最初は損してもいい」**と思っている人は動けます。

「失敗するのはカッコ悪い」と思っていると動けませんが、**「最初はカッコ悪くてもいい」**と思っている人は動けます。

「迷惑をかけたくない」と思っていると動けませんが、**「最初は迷惑をかけるのは仕方がない」**と思っている人は動けます。

こうやって言語化してみると、自分がどこで止まっているかが明確になります。

そして心理的に受け入れられたら、行動ができるはずです。

もちろん、大きな失敗はリカバリが大変ですので、最初の一歩は小さく始めてみることがおすすめです。

致命傷にならない失敗は、失敗ではありません。

失敗からのサクセスストーリーを描こう

さて、失敗を受け入れるだけでは不十分です。

失敗からさらに前に進むためのエネルギーが必要です。

そのためには、**「いくつかの失敗を乗り越えたうえで成功するイメージ」**を持つことが効果的です。

すなわち、あなたのサクセスストーリーを描くということです。

あなたは、目指す理想の状態までの道のりを、どのようにイメージするでしょうか？

何事もなく、淡々と一直線に駆け上っていくでしょうか？

実際はそんなことはありませんし、そうなったらつまらないのではないでしょうか。

例えば、映画や小説のストーリーを考えてみてください。

もし、映画の主人公が順風満帆に成功して何の問題もなければ、見ていて面白くないはずです。うまくいきそうになってはトラブルに巻き込まれ、失敗に遭遇したり、絶体絶命の危機に陥ったりして、見ていてハラハラするような状況に追い込まれるからこそ、引き込まれるのです。

そして、最後には逆転して成功してハッピーエンドになって、スカッとするわけです。

あなたも、そのようなサクセスストーリーをイメージしてください。

紆余曲折《うよきょくせつ》があって、いくつか失敗もあって、なんとか成功するというイメージです。

例えば、「大口の受注をしたものの、商品にミスがあって返品の山で借金が膨れあがったけれど、最終的に新商品を作って復活する」というようなストーリーです。

実際、現実のビジネスではこのようなトラブルの連続です。

こういった問題を乗り越えた人だけが、目指していた地点にまで到達できます。

ですので、起こりうる失敗への免疫を作るために、こうやって最初からさまざまなトラブルを想定しておくといいわけです。

そして、それを既に体験済みのように、面白おかしく語ってみるとさらに効果的です。

これはセミナーではよくやるのですが、お互いに自分のサクセスストーリーを面白おかしく語ってもらいます。

「こんな失敗をして、あんな失敗をして」と、相手もワクワクするように聞いてくれます。

そうやって話してみると、いろいろあるけど最後には成功するんだから、小さな失敗は笑い飛ばしながらやっていこうと思えるようになります。

実際、昔の失敗でも、話せないこともあれば、笑って話せることもあると思います。

笑って話せる失敗というのは、すでに心の中で克服しているということです。

逆転の発想で、自分の心に「克服した」とすり込ませるには、笑いながら起こりうるトラブルを話せばいいということです。予防接種みたいなものです。

そして、もしイメージできるのであれば、そのようなサクセスストーリーを、何年後かにテレビ番組に出て語っている自分を想像してみて下さい。

「あの時は本当に大変でした。こんな課題があって、こんなトラブルがあって」と、テレビで苦労話を語っているあなたです。当然、問題を解決しているから、面白おかしく話せるわけです。

そして、うまくいかないことがあった時には、そのたびにこのイメージを思い出してください。

何か問題が起こった時は、

「そうか、このトラブルを乗り越えた話をテレビで語るんだ」

と思っただけで、気分が切り替わるのではないでしょうか。

そして、どうせなら、後から面白おかしく話すために、詳しく状況を記録してみたり、写真を残しておいてもいいかもしれません。

失敗したのではない。挑戦しているのだ

ビジネスは「一勝九敗」です。失敗の連続です。失敗の方が多いのですから、結果にいちいち囚われている暇は起業家にはありません。どうやって乗り越えるか、どう打開するのか、どんな施策を打つのか、前向きに考え続け、行動し続けるしかありません。

起業家とは、果敢に挑戦し続ける人です。失敗したのではなく、今もまさに挑戦しているのです。

これからもたくさんの困難が待っていますし、思いもよらない失敗に見舞われることもあるでしょう。

しかし、問題が起こるたびにあなたは成長していきます。挑戦し続ける限り、いくらでも大きくなれます。

そして、挑戦している時にこそ、最高の充実感を得ることができます。

こうやって自分の夢に向かって挑戦し続けていること自体が、まさに成功と言えるのではないでしょうか。

起業を目指す人が本当に得たいものは、挑戦している充実感と、果敢に挑戦している自分への誇りなのだと思います。お金や地位や名誉は、おまけでしかありません。

人は必ず歳をとるし、誰でも最後は死にます。

あの世にお金や地位や名誉を持っていくことはできません。

でも、「あの時は本当にひどかった」と笑いながら話せる思い出は、あなたにとって大切な宝物になるに違いありません。

1-3 起業とは「正解」を作り出す側になること

起業コンサルタントが答えられない質問とは？

私は起業コンサルティングを長年やっていますが、今でも答えられない質問があります。

それは、以下のような質問です。

「誰でも成功するビジネスはありませんか？」
「一番儲かるのは何ですか？」
「今すぐ人が集められる集客方法を教えて下さい」

などなど、これは典型的な「正解がある前提の質問」です。

しかし、世の中にあらかじめ決まっている正解はありません。もし「誰でも成功する方法」があれば、すでに多くの人がやっているはずです。

他にも、答えられない質問のレパートリーは無限にあります。


「起業資金はいくら必要ですか？」

「名刺は何色がいいでしょうか？」

「ＷＥＢサイトは何ページにすればいいですか？」

「起業したら、１日何時間働けばいいですか？」

「プロフィールは何行で書けばいいでしょうか？」

「反応のあるダイレクトメールの封筒のサイズは？」

「売上はいくらを目指せばいいですか？」

などなどです。


「正解はない」という言葉は誰でも聞いたことがあると思いますが、どうしても「正解がある」という気持ちになるものです。

例えば、

「『20代の女性が必ず食いつくプレゼント』を知りたくありませんか？」

と男性に聞くと、ほぼ全員が「知りたい！」という反応をします。
そんな秘密のプレゼントがあれば恋愛も楽勝だと思って、ぜひ教えて欲しいと思うわけです。

これはまさに、「あらかじめ分かっている正解がある」という前提ですよね。

さて、この時、「知りたい！」と言った男性が38歳の男性だったとします。
その方に、もう1つ質問してみます。

「『38歳男性が必ず食いつくプレゼント』ってあると思いますか？」

そうすると、多くの場合、

「そんなものありませんよ。好みは人それぞれですし」

という答えです。

「ですよね。同じように、『20代の女性が必ず食いつくプレゼント』というのもありません。欲しいものは人それぞれですので」

とお伝えすると、「確かになぁ」と納得されます。

「そんなものありませんよ」という言葉を発している時は、ご本人は**「世の中に正解はない」**ということを体感されているでしょう。

ビジネスで成功するには、この感覚が必要なのです。

しかし、学校や受験勉強の弊害なのかもしれませんが、「正解がある」と思ってしまうものです。

起業家がその思考だと、もちろんうまくいきません。

ビジネスの世界にも正解はありませんし、ましてや、新しいビジネスを立ち上げるのに、そもそも正解があるはずがありませんからね。

「成功者は何か特殊なことをしている」という幻想

「正解がある」のと同じような発想で、

「成功者は、自分の知らない特殊なことをしているに違いない」

と思っている人も多いです。

「それさえ知れば自分も成功できる」という考えです。

ですので、**ビジネス書などの場合、難しい方がありがたがられる傾向があります。**

アメリカの有名大学の教授が書いた本などが売れたり、緻密な調査に基づいた分厚い本がベストセラーになることもあります。

しかし、それで成功する人が続出するかというと、そんなことはありません。
成功者が書いた本であっても、「特殊な方法」が書かれてあるわけではないからです。

「正解がある」という思考が生み出す2つの問題

「正解がある」と思っていると、2つの点で問題が生じます。

まず1つは、行動が止まってしまうことです。

正解があると思っていると、それを探すことに躍起になります。
「正解が分からないとスタートできない」と思うわけです。
そして、冒頭のような質問に対する答えを本やセミナーで探そうとするわけですが、
当然、答えはいつまでたっても分かりません。
そもそも質問が間違っているのですから。

もう1つの問題は、「正解がある」と思っていることが、不安の大きな原因になるこ

とです。

なぜなら、**「自分のやり方は間違っていないか？」**と、常に答え合わせをしたくなるからです。これでは、いつまでたっても自信が持てません。

新しいビジネス書が出たら、読まなければ不安になります。新しいキーワードが流行ったら、勉強しなければならない気持ちになります。

すべての「正解」を学び終わったらようやく安心できると思うのですが、残念ながら終わりはありません。いろいろな理論が新しく発表されますし、事例はどんどん出てきますし、本もたくさん出版されます。

また、誰かの言っていることと、別の人が言っていることが違っていると、「どっちが正しいんだ……」と分からなくなり、これも行動が止まってしまう原因になります。

ビジネスにおける「正解」とは何か？

では、いったいビジネスにおいての「正解」とは何なのでしょうか？
私たちは何を目指せばいいのでしょうか？

以前、妻と一緒に夕食を作っていました。
普段は料理はしませんが、練習も兼ねてです。

料理のいいところは、レシピがあることです。
レシピ通りに作れば美味しい食事ができますので、レシピはまさに「正解」です。

しかし、レシピを見てみたら、こんなことが書いてありました。

「はんぺんを美味しそうな焼き色になるまで焼く」

私はレシピをそこまでじっくり読んだのが初めてでしたので、少なからず衝撃を受けました。

レシピには「正解」が書いてあるのかと思っていたからです。

「美味しそうな焼き色」

とはなんでしょうか？

どれぐらいの色なのか？

数値では表していません。

「美味しそう」かどうかは、人それぞれです。

人によって色に違いが出てきます。

薄い色で「美味しそう」と思う人もいれば、ちょっと濃いめの色が好きな人もいます。

「正解」は人それぞれです。

実は、ビジネスの正解もこれと同じです。

そのお客様が、「面白い」「楽しい」「役に立つ」「欲しい」と思ってくれれば、それが正解です。

商品も喜ばれたらリピートしますし、メールマガジンやブログも面白かったら読まれますし、セールストークも興味をひけば聞かれます。

「正解」は「お客様の感情」が決めるということです。

「正解」はないが「原理原則」はある

「正解がない」と言ってもガッカリしないでください。

ビジネスにおいては「原理原則」というものがあるからです。

ビジネスの世界はスピードが速いので、枝葉はどんどん変わっていきます。

しかし本質は変わりません。

人の心理はいつの時代も変わらないからです。

・お客様が困っていることは何かをリサーチすること。
・テストをして改善すること。
・お客様の使っている言葉をそのまま使うこと。
・売上より経費を少なくすること。
・年商や集客数から逆算して、採算の取れる価格にすること。
・お客様との接触頻度を高めること。
・先に与えること。
・全員は買わないという前提でいること。
・お客様が満足した時に紹介をお願いすること。

このようなことは、変わることのない原理原則です。

これらを学んだうえで、それを自分のビジネスに当てはめるわけです。

最も大事な原理原則は、やはり**「正解はお客様の感情が決める」**ということだと思います。

「正解」は教えられないが「試行錯誤」はサポートできる

お客様の感情が正解なのであれば、正解はお客様に聞いてみなければ分かりません。

お菓子であれば、「ああでもない」「こうでもない」と試作品を作って、何人かのお客様に試食してもらって、味を決めていくわけです。

サービスメニューを決める時も、お客様に意見をもらうのが早いです。

実は、私の仕事はこの「試行錯誤のサポート」です。

ビジネスにあらかじめ正解はありませんが、試行錯誤し続けていれば必ず正解にたどり着きます。

・商品を開発するための試行錯誤。
・金額を決定するための試行錯誤。

・販売営業のための試行錯誤。

さまざまなことを試行錯誤して最適な状態まで持っていくわけです。

どこまで行ったら正解かというと、ちゃんと利益が出てビジネスが回るようになるまでです。一応、ビジネスにおいてはこれを「正解」と呼んでいいと思います。

そして、これも大事な原理原則の1つですが、**試行錯誤のスピードが速い人ほど早く成功します。**

月に1回だけ試行錯誤する人より、週に1回試行錯誤する人の方が早く成功します。
それより、毎日毎日試行錯誤する人のほうが、さらに早く成功します。

パッと作ってみて↓お客様の反応を見て↓すぐに改善する

という回転数が多いわけです。

意気込みとしては、

「思いつく施策を100個挙げる！」
「100回改善する！」

という勢いです。

そうすれば、そのうちうまくいってしまいます。

一方で、起業で失敗するというのは、その試行錯誤の途中であきらめてしまうことを意味します。試行錯誤のプロセスを楽しめず、「失敗だ」「うまくいかない」という悲観的な気分に耐えられなくなってあきらめてしまうのです。

ですので、私がクライアントの方々に成果を出してもらうためには、試行錯誤のプロセスを楽しめるようにすること、そして、試行錯誤のスピードを速めるサポートをしなければならないわけです。

「正解」ではなく自分なりの「真理」を探究しよう

試行錯誤の結果、**お客様が来てくれて採算が取れていれば、それで正解です。**

「正しい集客方法は?」「本当にこれでよいのだろうか?」

と迷う必要はありません。

お客様が喜んでくれていれば、それで正解です。

十分によいサービスをしています。

充実して続けていられるなら、それで正解です。

あなたに合ったビジネスをしています。

あなたは、あなたなりの正解を見出したのです。

他の人がどう言おうが、どう思おうが、これがベストだと思ってビジネスをやればいいのです。

「うちは、これが最高のコーヒーだと思ってます」
「うちは、この施術が一番だと思ってます」
「このサービスが一番だと思っています」

こう思って、そして、それに共感するお客様だけが来てくれればいいわけです。

もちろん、試行錯誤はいつまでも続きます。

一度うまくいったからといって、来年も再来年もそのままでいいわけではありません。

経営者として大事なのは、「自分なりのベストだという自信」と「試行錯誤を続ける謙虚さ」のバランスです。

世の中の正解に惑わされず、自分なりの真理を探求し続けるのが、起業家のあり方なのだと思います。

1-4 「1回目の失敗」をケアできれば必ず成功する

起業家は「1回目のショック」に備えよ！

ある日のことです。

妻が外出していた時に、私はふと思いついてリビングのロボット掃除機のスイッチを入れました。

めったに私は使わないのですが、ふと気が付いてボタンをピッと押したのです。

「さぁ、これで妻が帰ってくる頃には家の掃除が終わっている。オレって気が利く」ぐらいに思ってました。

しかし、自分の部屋に戻って5分ぐらいしたら、「パリンッ！」という音が。

あれっと思ってリビングに戻ると、観葉植物が倒れて植木鉢が割れ、ロボット掃除機は蔦《つた》みたいなものに絡まって止まってました。

「ああ！　なんてことをしてしまったんだ」
「邪魔になるものはよけたのに……」
「これが倒れるなんてこと、今までなかったのに……」

植木鉢の破片と、散乱している土の光景はものすごいショックを私に与えました。気分は最悪だし、この状況を理解するので精一杯です。

ここでよくある思考に陥ります。それは、

「慣れないことをするもんじゃない」

という思考です。

これが刷り込まれたら、もう挑戦しなくなります。

「もう、こりごり」になってしまうからです。

「自分には向いていない」

「このやり方はうまくいかない」

「やるべきじゃなかった」

と思い込んでしまいます。


実は、この思考は、ビジネスでもよく起こります。

・商品を販売してみたら売れなかった。
・セールスしたら断わられた。
・広告を打ってもまったく反応がなかった。

というたった1回の失敗で大きなショックを受けて、同じように、

「自分には向いてないに違いない」

「このやり方は間違ってるのだ」

「やるべきじゃない」

と思い込んでしまうのです。

もちろん、「成功するまでやり続ければ失敗はない」という言葉は、多くの人が知っています。成功者がどれだけ失敗を経験したかも、よく知られています。

しかし、本で読んだこととは違う次元の大きなショックが、起業家の心臓をグサッと突き刺すのです。

私が今まで見てきた中でも、「1回目の失敗でショック」を受けてあきらめてしまう人は本当に多くいらっしゃいました。

ですので、成功と失敗の分かれ目は、この「1回目の失敗のショック」をどれだけケアできたかによると、経験的に思っています。

どんな失敗でもショックはありますが、やはり1回目の衝撃は相当なものだからです。

実際に、起業して半年経たずに500万円の売上をあげた人が、そのあと、少し売れない期間ができただけで、恐くなってサラリーマンに戻ってしまったこともあります。「売れない」というショックが、彼から完全に自信を奪い去ってしまったのです。たった、1回のことなのにです。

逆に言えば、「1回目のショック」をケアすることができれば、多くの人が成功できてしまうのではないでしょうか。

この3パターンで、誰もが出鼻をくじかれる

新しいことを始める時には、さまざまなことが起こります。

そこでショックを受けることは、大きく次の3つのパターンです。

- **計画通りにいかないこと。**
- **別の予定が入ること。**
- **ドリームキラーの登場。**

まず1つは、うまくいかず**「計画通りにいかないこと」**です。

初めてのことですので失敗するのは当然のはずです。

しかし、失敗に免疫ができていないので、ショックが大きいわけです。

軽く考えていたのにうまくいかなくて、「思ったより難しい」と思い、愕然とします。

想像と現実のギャップにショックを受けるのです。

「失敗の大きさ」ではなく、本人の中の「ショックの大きさ」が、ビジネスをストップさせてしまうというわけです。


もう1つは、新しいことをしようとした時に限って、**「別の予定が入ってしまう」**ということです。

せっかく新商品の企画を考えようとしていたのに、既存の取引先からの依頼が来たり、家族の用事が入ったり、子どもが熱を出したり、タイミングよくいろんなことが起こります。

「これは新しいことをやるなというサインでは？」

と感情的に受け取ってしまい、挑戦をあきらめてしまう人もいるわけです。


そして、最後の極めつけが**「ドリームキラーの登場」**です。

新しいことを始めようとすると、「そんなのうまくいかないよ」と言う人が必ず出てきます。

「○○さんが難しいと言っていた」

「うまくいかないとみんなに言われた」

と、何人かに反対されると、ガッカリして気持ちが萎《な》えてしまって、行動をストップしてしまう人も少なくありません。


いずれのパターンにしても、「出鼻をくじかれる」という経験は、多くの人の情熱を簡単に奪い取ります。

「ショック」を「事実」にしない！

さて、1回目のショックが大きいのは仕方がありませんが、そのショックで起業をあきらめてしまう必要はありません。

ショックとは何かというと、自分の心の中で起こった単なる「感情」です。

このショックという「感情」は強烈なので、それを「事実」だと思い込んでしまい、自分で勝手に解釈してしまいます。

「慣れないことはやるものじゃない」
「自分には向いていない」
「やるなというサインだ」
「みんなうまくいかないと言っている」

という言葉でショックという「感情」に説明をつけるのです。

人間は、「感情」と「事実」に整合性がないと居心地が悪いものだからです。

「感情」の方が強烈だと、「事実」の解釈をそちらに合わせてしまうわけです。

冷静な時であればそうはならないのですが、ショックが大きいとこの傾向は高まります。

行動をストップしてしまえば、このショックを感じずに済みます。ですので、「自分はこれをすべきじゃなかったんだ」などと、やめる口実のほうに飛びついてしまうわけです。

しかし、ショックというのはただの「感情」です。「事実」ではありません。

一時的なものですし、同じ状況でも人によって感じ方はさまざまです。それに、1回目は大きなショックでも、2回、3回と同じ状況を体験すると慣れっこになって、そこまでショックを受けません。

大事なのは、ショックという「感情」に「事実」を合わせようとしている自分に気付くことです。

トラブルは「本気度テスト」である

ショックを受けた時は、一旦それを受け止めつつも、そこに過度に悪い解釈をすることは止めましょう。事実の解釈は後回しにして、まずは感情を癒《いや》すわけです。

「ああ、ショックだった」

「計画通りいかなくて悲しかった」

「うまくいかせたかった」

と、まずは自分の「感情」を言葉にしてみてください。そして、そのショックな気持ちを味わいます。


ある程度ショックな気持ちを味わいきると、自然と感情が癒されます。

そうなって初めて、「事実」の意味を捉えなおせばいいわけです。


例えば、次のように捉えてはどうでしょうか？

- **「慣れないことはやるものじゃない」と思うのではなく、「最初はみんな失敗するものだ」と捉える。**
- **「自分には向いていない」と思うのではなく、「これから上達するだろう」と捉える。**
- **「やるなというサインだ」と思うのではなく、「本気かどうかを試されている」と捉える。**
- **「みんなうまくいかないと言っている」と思うのではなく、「うまくいったらみんな驚**

くだろう」と捉える。

1回目の失敗は、起業家には避けて通れない通過儀礼です。いわば、「本気度テスト」です。

「自分は試されてる」と思って、2回目、3回目とやり続けるのがオススメです。

「これぐらいではやめないぞ」という意思表示を行動で示すと、本気度テストにパスします。

そうすると、不思議なことに、さまざまなトラブルが起こらなくなります。

ビジネスはやればやるほど楽になる

多くの人が最初に大変な目に遭うと「こんなことやってられない」と思います。

「こんなに大変なことをみんなやっているのか」

「こんなに面倒なことをやっているの？」

と、思うのです。


しかし、その考え方は少し間違っています。

というのも、一番最初が一番大変だからです。


やればやるほど楽になっていきますので、最初の大変さはどんどん減っていくだけです。

同じような失敗があっても、ショックはだんだん減っていきますので安心してください。


何をするにも「こんなにショックなのは最初だけ」と思っておきましょう。

あらかじめ覚悟しておけば、感情的なショックが大きい時でも、比較的早く冷静になることができます。

強い起業家＝リカバリ時間が短い

起業家になると決めたら、過度にショックを受けないように感情をマネジメントできるようになることが大切です。

ショックを受けない人間はいないし、落ち込まない人間もいません。

しかし、成功する人は、そこからのリカバリが早いのです。

昔は1ヵ月も2ヵ月も引きずっていたことが、2週間で立ち直れるようになり、1週間、3日、1日、1時間、10分と、どんどん早く立ち直れるように感情のコントロールをしているのです。

もちろん、精神論で「気にしない」とか「大丈夫」と言い聞かせるのではなく、本当に心から立ち直れるのです。

そのためにも、ご自身が何にショックを受けやすいのか？　ということを分析しておくことをおすすめします。

そして、ショックを受けた時にどのようにしたら早く立ち直れるのか？　ということも工夫し、準備するのがよいでしょう。

こういった創意工夫が、強い起業家への道となるのです。

第2章

お客様の笑顔と利益が生まれるビジネスのしくみ

2-1

成功の「根拠」を積み上げることでビジネスは完成する

要注意！　ビジネスでこのセリフを言っていないか？

「なぜ、うまくいくのか？」

その「根拠」を説明できる人は成功します。

結果が出る理由やそのプロセスが明確であれば、あとはただそれを実行するだけです。設計図通りに工事をしていれば誰が作業してもビルが建つように、ビジネスもプロセスが明確であれば最終的には成功してしまいます。

しかし多くの人は「なぜ、うまくいくのか？」を説明できません。

「この商品は、成分が画期的だから成功するはずだ」
「○○の時代だから売れるに違いない」
「東京なら人口が多いから売れるはず」
「ここに広告を出せばドカンと売れるだろう」
「新聞やテレビに出ればお客さんが殺到するだろう」
「本を出せば有名になれるはずだ」

と盛り上がってしまいそうになったら、冷静に考えてみて下さい。
そこに本当に根拠はあるのでしょうか？

あなたなら、こういう人に「倍にして返すから」と借金を頼まれたら、お金を貸すでしょうか？　ちょっと怖いのではないでしょうか。

「あの人だから成功できた」というのは本当か？

また、「あの人だから成功できたんだろう」と言ってしまいそうな時も、考え直してみて下さい。

本当にそうなのでしょうか？

うまくいくかどうかは、生まれつき決まっているということでしょうか？

実際は、そんなことはありません。

結果が出るのにはそれなりの緻密な根拠があるわけです。

「あの人だからできた」だけで思考をストップさせず、「あの人は一体何をしたのか？」と考えることが必要です。

「結果」には必ず「原因」があります。

大きな結果を夢見るなら、結果にばかり気を取られずに、**その結果を作るための原因に着目してください。**

大きな夢や目標を持つことはとても大事です。

それがエネルギーになるからです。

しかし、夢を見るだけではいつまで経っても現実は変わりません。私たちは何もせずに結果を出すことはできないのです。

だからまず、原因を作ること。

そこに焦点を合わせなければなりません。

その夢を実現するために必要な原因を特定し、行動に移していくことが必要なのです。

売上1億円の「根拠」とは？

夢や目標という話になると、「1億円稼ぎたいです！」と言う方がいらっしゃいます。

セミナーなどで目標を聞くとそう答える方が何人かはいます。

ただ、それを本当に信じている人はほとんどいません。

心の中では「1億円なんて想像できない」「1億円あったらいいな。でも、無理かな」と漠然と考えている場合がほとんどです。

しかし、私が売上を作るプロセスを説明すると、途端に表情が真剣になってきます。**1億円という金額に現実味が増してくるからです。**

1億円を漠然とイメージすると途方もなく感じるかもしれませんが、それを分解していけばだんだんと現実的になってきます。

端的には、**1億円とは「100万円の商品」を「100個」売れば到達します。**

ただそれだけです。

当たり前の話のはずですが、そこまで分解して捉えている人は多くはいません。

1億円がピンとこない人でも、「100万円の商品」であれば、少しは実感が湧いてくるのではないでしょうか。

毎月たった2人に売ればいいだけ！

さらに、1つ桁《けた》を下げてみたら、もっと現実味が増します。

すなわち1千万円で考えてみましょう。


これもシンプルで、「25万円の商品」を「40個売る」ということになります。

25万円×40個＝1千万円

ですからね。


「50万円の商品」であれば「20個」です。

1ヵ月に2つ売れれば10ヵ月で1千万円達成です。

ここまで来ると、

「25万円ぐらいになら単価を上げられるかも……?」

「商品をパッケージにしてみようか……?」

「回数券を販売すれば……?」

と商品や単価についても具体的に発想できるようになってきます。

また、「どうやって毎月2つ商品を売るのか？」「10ヵ月に20人でいいなら、可能性の高い見込み客は誰だろうか？」と、集客も具体的な施策が見えてきます。

そうやって分解していくと、眼鏡をかけたとたんに風景がクッキリと見えるように、やることがクリアになってきます。

大きな結果の中に組み込まれている「因果関係」を完全に掴んでしまえば、あなた自身が「成功の根拠」を作ることができます。

そして、人生をコントロールできるようになります。

9割失敗しても儲かるのが「しくみ」

「因果関係」と言っても、ビジネスにおいては100%結果が出るというものはありません。いくら敏腕の営業マンでも百発百中で契約を取れるわけではないのです。

当然のことながら、買うかどうかはお客様が判断します。いくら努力しても、最後に買うかどうかまではコントロールできないのです。

つまり、ビジネスの因果関係には「確率」が関係してきます。

- **チラシを撒いたら2千枚に1人が電話で問い合わせてくれる。**
- **セールスをしたら10人に1人が買ってくれる。**

というように、アプローチしたうちの何割かだけが購入してくれます。

もっと言えば、**「9割の人は買ってくれない」**と思っておくといいでしょう。

あなたも普段、たくさんの広告を見ると思います。

郵便受けに入っているチラシ、メールで来る広告、ネットで見る広告など、ほとんどは読み飛ばしているのではないでしょうか。それが普通なのです。9割は読み飛ばされる、もしくは読まれても買われないわけです。

大事なのは、９割の人に買ってもらえなくても、ビジネスとして成り立つということです。

10人に話を聞いてもらったら１人買ってくれるのであれば、その１人でもたらされる売上が、10人にアプローチするためのコストを上回っていればいいわけです。

これがいわゆるビジネスの「しくみ」です。

「しくみ」というと、「１００％結果が出るやり方」「失敗のまったくない方法」というような理解をされる方も少なくありません。しかし、それは勘違いだということです。

１００％結果が出る方法を探していると、１人に断られただけで「これは違う」と別のことを探し始めてしまい、いつまで経っても結果が出ないことになるので注意してください。

根拠があれば「行動力」も上がる！

ビジネスで成功する人は確率の考え方をしているので、9人連続で断られてもまた次の見込み客にセールスをしに行きます。確率的に言えば、次の1人が買ってくれるかもしれないからです。

その時々でバラツキはありますが、100人で10人、1000人で100人というふうに、数多く行動していけば、だいたいの割合に落ち着きます。

いくらの時間とコストをかければ、いくらのリターンが得られるかが分かっていたら、あとはそれを実行するだけです。

人間の心理というのは面白いもので、**「ここまでやれば成果が出る」と分かっていたら、少々しんどくても行動できてしまいます。**採算が取れるのであれば何人に断られても構いません。

逆に言えば、「いつまでやれば結果が出るのか……」と不安になった時に、人は諦めてしまうということです。

成功の根拠があるというのは、行動のモチベーションにもなるわけです。

根拠がなくても大丈夫！

しかし、起業当初から「成功の根拠」が明確に見えている人はほとんどいないでしょう。

「ちゃんと分かっていない自分はダメなんだ……」と落ち込む必要はないわけです。

そもそも根拠がないところから試行錯誤して根拠を見つけ、「しくみ化」するのが起業家の仕事なのです。

最初からそれが分かっていれば、起業家の存在価値がありません。

成功事例から因果関係を探る

では、今からその根拠はどのように見出せばいいのでしょうか？

１つは、既存の成功事例を具体的に調査することです。

結果を見てすごいと思うだけでは意味がありません。実際に「何をしたのか？」を具体的に調べましょう。

成功している人に「何をしたのか？」を直接質問できるのがベストですが、それが無理ならば、本やセミナーや教材などで勉強してみるのもいいでしょう。

そして「何をしたのか？」だけでなく重要なのは「どの程度までやったのか？」ということです。

例えば、成功している社長さんに「地元の会社に営業して回ったんだよ」というエピソードを聞いたとします。

その時に**「何軒回ったのか？」「そのうちの何軒が相手にしてくれたのか？」**ということを聞いておく必要があります。

多くの場合、成功している人の行動量は圧倒的です。

その数を聞いてみると、想定の3倍や10倍ぐらいの数だったりします。

逆に言えば、結果が出た方法を聞いても、ちょっとマネしてやってみただけでは結果が出ないということですので、ご注意ください。

実際に何をしたから結果が出たのかを知ると、あなたのビジネスにおいても因果関係がなんとなく分かってきます。何をすればいいのかが、だんだんと見えてきます。

テストが根拠を作る

そして、もう1つの方法は、テストすることです。

本書の別の項にも出てきますが、成功する人はこまめにテストをしています。

- **サービスを体験してもらったら、どの程度満足してもらえるのか？**
- **販売をしてみたら買ってくれる人がいるのか？**
- **購入してくれた人は、価格はいくらなら妥当だと感じているのか？**

・どの程度の人がリピートしてくれるのか？

そういったことを実際の数値で把握することによって、だんだんと根拠が明確になっていきます。

多くの人は、お金をかけて売れないということを非常に嫌がります。お金が無駄になった、何も得られなかった、と考えるからです。

しかし、やってみなければ反応が分かりませんので、売れないという経験は避けては通れません。

ですので、最初はテストだと割り切って小さく試してください。

そして、**その投資で「テストの反応」が得られたと考えましょう。**

この反応が、あなたにとっては貴重な知見でありノウハウになります。そこに成功の根拠が隠されているのですから。

根拠は自分で作るもの

動き続けていれば必ずいつかは成功する、というのはたくさんの人を見ていて私が確信していることです。

どんな人でも動き続けていれば、必ず何らかの方法で成功してしまいます。

ですので、**最大の根拠は「成功するまで行動し続ける」というあなたの覚悟です。**

最初は理路整然と根拠を語る必要はありませんし、起業当初に明確な設計図は必要ありません。

しかし、成功するまであきらめないという覚悟は必須です。

動き続けながら成功の根拠をより明確なものにしてください。

2-2 お金もリスクも最小限でスタートする具体的な手順

お金がないから起業できない？

「お金がないから起業ができないんです」

と、起業を目指している方から言われたことがあります。

そこで、

「いくら必要なのですか？」

と、その方に聞いてみると、

「逆に、起業っていくらかかるんですか？」

という返事が返ってきました。

この方は、漠然と**「起業にはお金がかかるに違いない」**と思っていただけでした。

いくらお金がかかるか分からないまま、大変なイメージだけで止まってしまっているわけです。

実は、こうやって「お金」というオバケを恐れて、せっかくのチャンスをフイにしている人は少なくありません。

「起業」もそうですが、「世界一周」なども、ものすごくお金がかかるイメージがないでしょうか？

私もそう思っていました。

しかし、知り合いの大学生が休みの間に2週間ほどで飛行機に乗って世界一周旅行に行っているのをSNSで知り、ビックリしたことを覚えています。

彼らが帰国してから聞いてみたところ、それほど法外な金額をかけているわけではないことが分かりました。学生がバイト代を貯めて行ける範囲です。

思ったよりお金をかけずにぐるりと世界一周をすることができるということを知って、「やっぱり調べてみるもんだな」と思いました。

世の中の多くは、想像よりもお金がかからないことがほとんどです。

ちゃんと調べてみるとそれが分かります。

ですが、「高いに違いない」と思い込んでいると、具体的には調べようとはしないものです。

「お金がないから商品が作れない」
「お金がないからビジネスの勉強ができない」
「お金がないから店舗が開けない」
「お金がないから広告が出せない」
「お金がないから何もできない」

と、お金がかかるというイメージだけで行動がストップしてしまい、具体的なアクションが始まりません。

これはどうしてかというと、ちょっと耳が痛い話かもしれませんが、**お金のせいにしておけばチャレンジしなくて済むから**という理由も大きいのです。

「お金さえあれば……」のウソ

「100万円あれば、これができるのに」

という言葉には、多くの人が納得するかもしれません。

しかし、私が、

「自分がもっと美男子だったら、楽に集客ができるのに」

「スーパーマンみたいに飛べたら、いろんなビジネスができるのに」

などと言っていたらどうでしょうか？

「何を非現実的なことを言っているんだろう？」

「そんなことを言ってないで、今の自分でできることをやればいいのに」

と思うのではないでしょうか。

実は、「100万円あれば」というのも同じです。

今できることから始めて少しずつ資金を集めていき、それで100万円が貯まれば次に進めます。

今、100万円がないのであれば、ないなりにやれることを始めればいいわけです。

どんな計画も、スタート地点を間違っていればゴールに到達することはできません。

すべての計画のスタート地点は、今現在の自分です。

手持ちの資金が3万円なら、3万円がスタート地点です。100万円ではありません。

「○○さえあれば」

というのは、スタート地点が間違っているので、スタートすらできないわけです。

これは、一種の現実逃避だと思って下さい。

今の自分を受け入れずに済むので、そう言っているほうが楽なのです。つまりは、そこまで本気ではない、ということです。

本気ならお金がなくてもやり遂げる

もし本気であれば、やりたいことにどれぐらいの費用がかかるのか、すぐに調べるのではないでしょうか。


「いくらかかるんだろう」

「なるべく安くできる方法はないか?」

と、知りたくて仕方がなくて、その場で検索したり、人に聞いたりしてみるのではないでしょうか。


多くの場合、ここで「思ったよりお金がかからない!」となります。

それでも十分なお金がないとしたら、お金がかからない方法を探すでしょうし、今すぐできることから始めているでしょう。

実際、お金がなくてもできることはたくさんあります。

例えば、東京から大阪に行くということを考えてみましょう。

東京から大阪に移動するとなると、普通は交通費がかかります。それに、途中でお腹が空いたり、のどが乾いたら、食べ物や飲み物を買うお金もかかります。

しかし、ヒッチハイクで東京から大阪まで行ってきた人を、私は何人も知っています。これなら交通費はかかりません。お金をかけずに移動することができるわけです。

私も、そんなに長い距離ではありませんが、ヒッチハイクを3回したことがあります。旅行中に観光地から最寄りの駅まで乗せて行ってもらったりしました。バスも電車もなくて、車に乗せてもらわないと何時間も待ちぼうけになってしまうので、必死で乗せてくれる車を探しました。

また、学生時代に南米旅行に行った時、「現地ツアーに参加するのはいいけれど、ホテル代がもったいない」と現地の旅行代理店の人に言ったら「分かった。俺の家に泊まれ」ということで、一泊させてもらったこともあります。こんな体験はなかなかできないと思って、あえて泊めてもらいました。夕食や朝食も頂きました。

このような体験をすることを通じて、「お金を使わなくても何とかなる」ということを感じました。

つまり、お金がなくても、他人を動かすことができればいいだけなのです。

お金は他人を動かす1つのツールにしか過ぎません。

相手との価値の交換のツールであり、相手を動かすツールです。

本気だったら、お金がなくてもなんとかするものです。

「お金でなんとかしたい」のはなぜか？

お金は非常に便利なツールで、相手が赤の他人であろうと、お金さえ出せば相手の売っているものを手に入れることができます。**自分のことを信用してくれていなくても、**

お金のことは信用しているからです。これは非常に便利で簡単です。

ですので、多くの人が**「お金で何とかしたい」**と思ってしまいます。

それは、お金以外の方法で人を動かすことが面倒だからではないでしょうか。

お金で人が動いてくれれば、こんなに楽なことはありません。

何でもいうことを聞いてくれて、自分の代わりの考えてくれて、作業もしてくれて、そして、自分以上に頑張ってくれる。

お金で人がそれぐらい動いてくれるというイメージがあるかもしれません。

努力せずに結果を出したいと思っていると、お金に頼りたくなるわけです。

しかし、お金があってもどうにもならないことも世の中には多々あります。

例えば、「お金さえあればなんとかなるだろう」と気軽に旅行に出たら、炎天下でのどが渇いても自動販売機も見当たらないし、喫茶店もないなんてことも経験しました。

タクシーもまったく走っていないので、ヘトヘトになりながらひたすら歩き続けたこともありました。

こういう時は、**「お金だけじゃどうしようもない」**と感じたものです。

ビジネスの世界でも、お金があっても何も進まないということがよくあるのです。

お金があったところで、本気で一緒に取り組んでくれるかどうかは分かりません。

やりがいがないとか、信用がないとか、いろんな理由で断られることは多いのです。

お金だけで人が動いてくれるわけではありません。

それに、大きなことをやろうとした時に、お金だけで何とかしようとすると、たちまち限界が来てしまいます。よっぽど資金を貯めておかないとすぐに足りなくなるのです。

独立するまでに貯金をコツコツしていても、なかなか追いつきません。

お金でなんとかしようと思うのは楽をしたいからなのですが、逆に楽ができないものなのです。

起業家に本当に必要な、お金以外のもの

あなたのビジネスのために、多くの人が手伝ってくれるのであれば、それほど大きなお金は必要ありません。

あなたのために、チラシを作ってくれて、WEBサイトを作ってくれて、商品作りを手伝ってくれて、販売も手伝ってくれたら、そこにお金はかかりません。
お金をかけずに人を動かすことができれば、必要なお金の額はどんどん減っていきます。

ですので、本質的に起業家に必要なのは、**お金を使わずに人を動かす力**なのです。

それは、はっきり言って面倒なことかもしれません。
人を説得する必要があるかもしれませんし、迷惑をかけることも、頭を下げる場面も出てきますし、人間関係で疲れることもあるでしょう。

人を動かすような画期的なコンセプトを考える必要があるかもしれません。
ビジョンを描く言葉を紡《つむ》ぐ必要もあるし、熱く語る必要もあるでしょう。

これらは、ひと言で言えば「情熱」が生み出すものです。

情熱がアイデアを生み出し、ビジョンになり、人を動かし、ビジネスになります。
その情熱は、あなたの中からまったくのゼロから生み出すことができます。お金のあるなしは関係ありません。
お金がないのではなく、アイデアがない、そのアイデアを出すための情熱がないのだ、ということを理解すれば打開策が見えてきます。

そして、「情熱」というリソースは無限です。

ですので、お金がなくても、いくらでもビジネスが無限に立ち上げられるということです。

お金がなければ、お金を持っている人を動かせればいいだけです。

スキルがなければ、スキルがある人を動かせればいいだけです。

すべてはあなたの内側から生み出すことができるのです。

第4章でも詳しく書きますが、成功している起業家は周りの人たちに力を借りています。

そしてチームを作っています。

一人で成功している起業家はいません。

もちろん、最初からたくさんの人に動いてもらうことは難しいかもしれません。

強烈なリーダーシップのある人であれば、「この人についていきたい」という人がたくさん現れて、ボランティアで手伝ってくれるかもしれません。しかし、多くの人はそんなことはありません。

スタート地点は、常に今の自分です。

情熱が弱いのであれば、まず、情熱を育てるところからスタートしてみて下さい。

2-3

売れる商品が生まれるのはなぜか？

あなたの周りにビジネスチャンスがある！

「儲かるビジネス」は無限に生み出すことができます。

なぜなら、**ビジネスとは「お客様の困りごとの解決」だからです。**


この原稿を執筆している今現在、世界の人口は70億人以上と言われています。

日本だけでも1億人以上の人が暮らしています。

世界には70億人分の困りごとが存在し、儲かるビジネスや儲かる商品も、その分だけ存在するわけです。**世界はビジネスチャンスに溢れています！**


こんな状況であるにもかかわらず、「売れるヒット商品がない」「なかなか儲からない」と感じているとしたら、原因はシンプルです。

「お客様の視点」で発想していないからです。

「あったらいい」と思うけど売れない理由は？

以前、子育て中の若い世代がたくさん住む街に、おしゃれなレストランがオープンしたことがあります。

そのお店は子連れ禁止でした。子育て中のママに、「たまには大人だけのゆったりとした時間を味わってもらいたい」というコンセプトで始まったそうです。

しかし、すぐに潰れてしまいました。

コンセプトだけ聞くと「そんなお店もあったらいいわよね」と言ってくれる人はたくさんいたでしょう。しかし、実際に子供を預けて食事に行くのはかなり面倒です。誰かにお願いをする気苦労を考えると、「別にわざわざレストランに行く必要ないか」となるわけです。

そもそも、そこまで「ゆったりレストランで食事をしたい」と切実に困っている人はどれだけいるでしょうか？　「あったらいい」とは思うかもしれませんが、なくて切実に困るというものではありません。

これは、お客様の視点ではなく、自分のアイデア先行でビジネスを進めて失敗した一例です。

もっとお客様の気持ちに寄り添い、深く共感して始めていたら、他に方法があったかもしれません。

自分の都合で、「儲かるビジネスを探そう」「ヒット商品を開発しよう」と考えていると、一向に儲かるビジネスやヒット商品は生まれません。

思い付きのアイデアだけで始めたサービス。

テレビや雑誌で見て、取り扱ってみた商品。

儲かっている人を表面的に真似したビジネス。

そこにお客様の視点がなければ、うまくはいきません。

お客様は何に困っているのでしょうか？

お金を払うほど切実なのでしょうか？


起業に成功している人は、常に「お客様の困りごとはなんだろうか？」という「お客様の視点」からスタートしています。

「売れる商品はないか？」

ではなく、

「お客様は何に困っているのか？」

「お金を払ってもいいぐらい解決したいことは何か？」

「後ではなく、今、解決したいことは何か？」

からスタートするのがセオリーなのです。

その困りごとに共感して、

「大変だなぁ」
「これが解決したら本当にいいよなぁ」
「どうして誰もやってないんだ？」
「自分がやるしかない！」

という気持ちになれば、成功の確率はグッと高まります。

お客様の困りごとを100個集める

商品やサービスを考えるうえでおすすめなのは、**お客様の困りごとを100個集める**ことです。

「100個」というのは便宜的な数字であって、単なる目安です。多く集めれば集めるほど、新しい商品やサービスのアイデアが自然と浮かんできます。

一番役に立つのは、既存のお客様から意見をもらうことです。

すでに購入してくれているので、あなたに対してもいい印象を持っていますし、あなたのビジネスに直結しやすい意見を言ってくれる可能性は高いはずです。

では、どんな質問をすれば困りごとを教えてくれるでしょうか？

多くの人は「何にお困りですか？」と聞いてもすぐには答えられません。質問が直球でかつ漠然としているからです。

困りごとを聞く時には、困りごとが現れるシチュエーションを思い出してもらうことが必要です。

ですので、雑談の中で自然とそういう流れになるように会話をもっていくのがいいでしょう。これは普段からできることです。

「最近、身体の調子はどうですか？」

「あの人との関係はうまくいっていますか？」

「あの目標は順調ですか？」


と、**状況を確認する質問**をすると、そこから会話が広がっていきます。

だいたいの場合その流れで、直面している問題について話してくれます。


既存のお客様から集められれば一番なのですが、そこまで多くお客様がいない場合もあると思います。

その時は、あなた自身が「困ったな」「面倒だな」と思うようなことをリストアップしてもいいですし、友人との会話の中で集めるのもいいと思います。


私の場合はマーケティングや起業が専門なので、交流会やセミナーで初めてお会いした方に、

「どうやって集客されているのですか？」

「どんな商品で起業を考えているのですか？」

という質問をよくします。

自分の勉強にもなって面白いですし、けっこう会話が弾んで楽しいです。しかも、多くの人がつまずいているところが分かるので一石二鳥です。

また、人と直接話さなくても、困りごとを調べる方法はあります。

例えば、Q&Aサイトなどを読んでもいいですし、アンケートを取ることもできるし、他にもいろいろな方法があります。

アンテナを立ててさえおけば、街中を歩いている時も、電車に乗っている時も、雑誌を立ち読みしている時も、いろんな情報が飛び込んできます。

成功する人はコレを見逃さない

自分から質問しなくても、お客様からサインを送ってくれていることがあります。

しかし、これを見逃して、せっかくのビジネスチャンスを掴み損ねる人がたくさんいます。


「こんなことはできませんか？」

「この商品は、こういう使い方はできませんか？」

とお客様に聞かれたことが、あなたにもあるかもしれません。

これは、お客様からの**「条件に合う商品があれば買いたい」**というサインです。**大チャンスなのです！**


しかし、ビジネスがうまくいかない人の多くは、それを見逃してしまっています。

お客様の気持ちに気付かず、

「やったことないですね」

「そうですか」

で終わりになることがほとんどです。

会話の中に出てくるちょっとしたひと言だと、あまり気にも留めず流してしまい、そこで引き下がってしまうのです。

しかし、成功する人はそのサインを逃しません。

「詳しく聞かせて下さい」

とリサーチに入ります。

そこで話を聞いてみると、お客様のニーズが深く理解できますし、売れる商品にもなります。

お客様の要望からスタートしたビジネスの多くは成功しています。

ある研修会社さんでは、数年に一度、新しいセミナーを開発して販売されていました。よくいろいろと思いつくなと思って、社長さんに聞いてみたところ、**「全部、お客様から『こんな商品はないのか』と聞かれたものを商品化しているだけだ」**と言っていました。これだと、失敗する理由がありませんよね。

お客様からのサインを見逃さず、「もうちょっと教えて下さい！」と言えるか？

「でも、それは大変だから……」と拒絶するか？

そこが成功の分かれ目です。

チャンスは日々、たくさん訪れています。

成功とは、それらを受け入れるだけのこと、かもしれません。

新商品は一瞬で作れる!?

新しく商品を作るといっても、中身を変える必要がないこともよくあります。

ネーミング、見せ方、コンセプトを変えるだけで新商品は作れます。

例えば、空手道場が**「ダイエットコース」**や**「護身術コース」**を提供する場合などです。

単に「空手道場」として看板を出しているだけだと、格闘技が好きで空手が大好きな人しか興味を持たないかもしれません。

しかし、目的別のコースを作れば、男性だけでなく女性など、他のお客様にもアピールできます。

また、コース名を明確にすると、お客様にも効果が分かりやすくなり、入会につながりやすくなります。

教える内容は少しは変わるかもしれませんが、既存の稽古を少しアレンジすれば済む程度です。何かを新しく学ぶ必要はないし、大掛かりな投資も必要ありません。

このように、「商品を作る」ということを難しく考える必要はありません。中身が同じでも、見せ方を少し変えるだけでもいいのです。

ありきたりのアイデアを「育てる」のが起業家の仕事

こうやって、いろいろなニーズを聞いて、新商品を考えても、最初は大したアイデアは出てきません。

でも、ガッカリしなくて大丈夫です！

そもそも、すべてのアイデアは、最初はつまらないし、ありきたりなのです。

生まれたての赤ちゃんが何もできないのと同じで、生まれたてのアイデアは非力なのです。

「つまらない」「ありきたり」と批判すると、そこでそのアイデアは死んでしまいます。

しかし、成功する人は、そのアイデアを大事に育てます。

決して見捨てることはありません。

ありきたりのアイデアからスタートして、画期的な商品になるまであきらめずに育てるものなのです。

「安いオートバイを作ろう」
「大量に仕入れて安く売ろう」
「24時間営業のお店を作ろう」

「ネットで本を売ろう」

今は大企業だったとしても、最初はこのようなありきたりのアイデアからスタートしています。

その当時も、何人かの人は同じようなことを思いついているはずです。

それでも、成功する人は、ゆっくりと試行錯誤していき、企画を練っていき、試作品を作ってフィードバックをもらい、改善していきます。

ありきたりのアイデアを売れる商品にまで育てるのが起業家の仕事です。

粘って粘って画期的なものに育てあげます。

成功している起業家でも、最初から画期的なアイデアを思いついているわけではない、ということはぜひ覚えておいてください。

そうやって改善を繰り返していると、いつの間にか必ずオリジナル商品が完成します。

世界で他にはない、たった1つの画期的な商品ができあがります。

ですので、最初から画期的な商品を作る必要はありません。

「最初のアイデア」で勝負せず、「日々の改善」で勝負しましょう。

毎日、お客様からフィードバックをもらい、毎週のように小さな改善を行っている会社は、必ずオンリーワンになります。

2-4 同じ商品からでも「大きな利益」と「深い満足」は生み出せる

ビジネスの成功に直結するのはこれ！

ビジネスの成功は、やってみなければわかりません。

しかし、「これは失敗する」というものはすぐにわかります。

結論から言うと、**「単価が低いビジネスは難易度が非常に高い」**ということが一般論として言えます。

単価が低いと、働いても働いても利益が出ないので、どうしても長時間働くことになります。

また、利益を確保するためには、たくさんのお客様が必要になります。しかし、お客様の数を増やそうとするとサービスの質は下がってしまいます。

そうするとリピートにもならず、また安く売らなければならないという悪循環に陥ります。

そして、常に時間がなく、睡眠時間さえも削り、ついには「もう無理」と限界が来てしまうのです。


実はそれが失敗の大きな原因です。

小さな会社でうまくいっていない人の多くは、単価が低すぎるのです。

大企業のようにテレビ広告などを打つことができ、全国に販売網があるのであれば、100円ぐらいの単価でもやっていけたりします。

しかし、中小・零細企業はそうはいきません。

それほどたくさんのお客様を集客できないからです。

結局のところ、「単価を上げること」は、中小・零細企業にとっては必須事項なのです。

しっかりとした利益率がなければ、あっという間に苦しくなってしまいます。

適正な商品単価の算出方法

中小・零細企業の理想の経営スタイルは、**「少数のお客様にじっくりと対応すること」**です。クオリティも高く、お客様との信頼関係も強く、やりがいも大きくなります。
そのためには、しっかりとした対価をいただかなければなりません。

では、適正単価を決めるにはどうすればいいのでしょうか？
単純に言えば、**欲しい年商から逆算する**だけです。

例えば、1千万円であれば、100万円の商品なら10人に買ってもらえば達成します。
しかし、1万円の商品であれば、1000人に買ってもらう必要があります。

年間10人に販売するのと1000人に販売するのでは、労力は大きく違います。

1000人に販売するのであれば、その数倍の人数に集客のアプローチをする必要があります。つまり数千人、数万人です。

しかも、1万円でも100万円でも、申し込み対応や領収書の発行などの作業は同じように必要なので、1000人に対応するのには多くの時間が取られます。

多くの場合、中小・零細企業にとっては、それは非現実的な数字です。

必要な年商を獲得するためには、その根拠が明確でなければ絵に描いた餅になります。

起業当初の方にとって、1000人は大変です。

しかし、顧客数が10人でいいなら、かなり現実的です。身近な人に声をかけたり、紹介をしてもらうだけでもアプローチ可能な人数です。

現実的な顧客数が分かってくると、必要な商品単価も決まってきます。「1万円ではダメだ。最低でも10万円の商品が必要だ」などとなるわけです。

単価を上げるさまざまな方法

では、どうやって商品単価を上げればいいのでしょうか？

方法はいくつもあります。

例えば、1000円の鞄もあれば100万円の鞄もあるように、同じ種類の商品であっても、高単価にすることができるわけです。

本当にさまざまな方法がありますが、ここでは、いくつかオーソドックスな考え方をご紹介します。

まずは、**「専門特化」することです。**

例えば、普通の紳士服店より、「経営者専門」のお店のほうが価格を上げられます。

また、経営コンサルタントよりも、歯科医院専門などのように、業界特化したほうが、価格設定は高められます。

ある英語コーチは、「海外展開したい経営者向け」にして100万円でコースを販売されました。

このように、業界などで専門特化する方法もありますし、提供している手法で専門特化する方法もあります。例えばマーケティングでも、「チラシのスペシャリスト」などに特化するわけです。

また、これも専門特化の1つですが、**富裕層向け**に商品を作ることも考えられます。富裕層は特別扱いされることを好みます。いわゆるステータスを手に入れるためにお金を使うということです。

それと同時に、富裕層はストレスが嫌いです。

行列で待たされたり、細かな手続きが必要だったりすることを嫌います。ですので、お店に買い物に行っても、特別な部屋で商品を見て買うことを好みますし、さらには家に商品を持ってきてもらうことも喜びます。

電話1本で好みに応じてすべて手配してくれるのであれば、料金が多少高くても、そういうサービスを利用します。

また、**「結果」に対して価格をつける**というのも有効です。

ある鍼灸師の方は、施術の単価をグンと上げました。

「赤ちゃんが欲しい人向けのコース」を作ったのです。

通常、1時間数千円で行っていた施術を半年コースにして、数十万円で売り出しました。


それだけで売上がかなり上がりました。

つまり、**「施術」というサービスの切り売りではなく、「妊娠」という結果に対して価格を付けた**わけです。

もちろん、100％の人が妊娠するとは言えません。その説明は必要です。

しかし、それまでの実績は伝えることができます。

子どもが欲しい人にとっては、その価値を金額にすれば、数十万円という桁ではなく、数千万円、数億円になるはずです。

ですので、そのような価値のサービスに数十万円の価格は妥当だと判断してくれるお客様も多くいらっしゃるわけです。

また、**回数券などのまとめ買い**を促すこともできます。

サービスそのものの単価を上げるのではなく、まとめて購入してもらうことで、客単価を上げるという考え方です。例えば、カフェのコーヒーの回数券などです。

さらには、「使い放題」「食べ放題」という形式にして、**会費をもらう**という方法もあります。月会費を払えばコーヒーが飲み放題のカフェという感じです。

この場合、顧客が増えるごとにかかるコストを抑えるために、コーヒーをセルフサービスにするなどの工夫は必要かもしれません。


また、**特急料金**を設定するという方法もあります。

スピード対応が必要な場合は価格を上げるわけです。

それまでは付き合いで緊急対応をしていた場合でも、価格メニューに「特急料金」「夜間サポート料金」などを載せておけば、お客様のほうも意識してくれます。


商品ではなくサポートを売るという方向性もあります。

売り切りの商品を安くたくさん売ることでは、大企業に勝てません。

ですが、**小さな会社は、少ないお客様に徹底的にサポートすることで差別化できます。**

例えば、カメラを売るだけでなく、撮り方を教えてくれたり、撮影会を開いてくれるお店の方が重宝されます。

小さい会社だからこそ、お客様の顔と名前を覚えるほどの手厚いサービスが提供できたりもします。

さらに、**物語を使う**という方法もあります。

ストーリーは最強の差別化要素です。

普通のたこ焼き屋さんより、おばあちゃんから教わった「秘伝のタレ」のたこ焼き屋さんのほうが美味しそうです。

また、開発秘話の苦労話があるほうが、共感して買ったりします。

ストーリーはブランドを作るための強力な武器なのです。

そして、最も簡単なのは**ただ値上げする**という方法です。

値上げするのに理由が必要だと考える人もいますが、よっぽど深い関係のお客様の場合以外は、そこまで説明する必要はありません。

お客様の方で勝手に、「コストが高騰してきたのかな?」「顧客数が増えてきたのかな?」「腕を上げたのかな?」という風に、解釈してくれるものです。

もちろん、値上げして離れていくお客様も多少は出てきますが、多くの場合、値上げして売上が下がることはありませんので。安心してください。

もし心配であれば、お世話になっているお客様だけは、お値段据え置きにしておけば問題ありません。


いかがでしょうか?

いくつかの事例を知るだけで、値上げのアイデアが出てきたのではないでしょうか。

他にもさまざまな単価アップの考え方がありますので、ぜひ、いろんな会社の商品を研究してみて下さい。

高い方が満足してもらえる

値上げをするのは怖いのが普通です。

「本当に買ってもらえるのか？」

「満足してもらえるのか？」

と不安になるものです。

しかし、実際は、単価が高くても本物志向のお客様が来てくれますし、満足度も高まります。

ご経験がある人も多いと思うのですが、スーパーに行く時より、高級店に買い物に行く時の方が真剣になるのではないでしょうか。

また、安い居酒屋より高級レストランに行く時の方が、気持ちが引き締まっているのではないでしょうか。

安いジムより高いジムの方が、本気で肉体改造に取り組みます。

つまり、高いお金を払う時の方が真剣で本気だということです。

そういう時の方がサービスをより深く味わいますし、一生懸命に取り組みます。

そして、満足度が高まるということなのです。

最初は安くても大丈夫！

ただ、最初から高くできなくても問題ありません。

安い単価からスタートしても問題ありません。


単価を上げられない原因の多くは自信のなさです。

つまり自己肯定感の低さが価格に直結するのです。


これは仕方ありません。

特に自分自身を商品にしている人にとっては、その傾向は強くなります。


「自分にはまだそんな価値はない」

「こんなにもらっては申し訳ない」

という思いが、値上げにブレーキをかけるのです。

根本的な単価アップの本質は、この自己肯定感を高めることに尽きます。

しかし、安心してください。
ビジネスをすればするほど、お客様に感謝されればされるほど、**自然に自己肯定感は高まっていきます。**

少しずつでいいので、あなた自身がお客様の役に立っているということを、心の中に刷り込んでいきましょう。

最初は一生懸命やりすぎて、時間が足りなくなっても構いません。
「ここまでやって、この価格は安すぎる」
と思えるようになるまでやればいいと思います。

すると、だんだんと単価を上げることへの抵抗感がなくなってきます。

第3章

お客様との特別な関係を築き上げて売上を生み出す

3-1

そのお金の使い方で、お客様は増えるか？お客様は喜ぶか？

お金がなくなる起業家の特徴とは？

普通にやっていれば、起業に失敗することはめったにありません。
これは本当ですので安心してください。

起業して成功するには、本来それほどお金はかかりません。
必要なところにはしっかりと投資したほうがいいですが、それもちゃんと回収できるものです。

しかし、まれに失敗する人がいます。
それはどういう人かというと、**お金を「無駄に」使う人**です。

間違ったところに使ってしまうと、お金はあっという間になくなってしまいます。店舗を借りる、情報誌などを購読する、人を雇う、会社のロゴを作る、専用の封筒を印刷する、事務処理に力を入れるなど……。

本当にそれは必要なのでしょうか?

もし、そこにお金を使おうとしていたなら、なぜそれが必要だと思いますか?

- **店舗を借りればお客様がたくさん来るのでしょうか?**
- **専用の封筒があると利益が増えるのでしょうか?**
- **事務処理をきちんとすれば、売上があがるのでしょうか?**
- **人を雇う必然性は本当にあるのでしょうか?**

お金の基礎知識：本当の「資産」とは?

さて、正しいお金の使い道を考える前に、まずは「資産」という言葉について、理解を深めてから話を進めたいと思います。

「資産とは何か」と聞かれたら、あなたはどう答えますか？

非常にシンプルに言えば、**「資産とは『富を生み出すもの』」**と考えると、分かりやすいのではないでしょうか。

銀行に預金していれば利息がつきます。
株式を持っていれば配当がもらえます。

こういったものも資産です。いわゆる金融資産と呼ばれます。
また、賃貸収入が入ってくるならマンションも資産ですよね。

では、あなたのビジネスにおいての資産は何なのでしょうか？
何があなたに売上や利益をもたらしてくれるのでしょうか？

突き詰めて考えると、ビジネスにおいて本当の資産とは「お客様」です。

あなたの売上は、お客様からもたらされます。

そして、既存のお客様の口コミで、新しいお客様が来てくれたりします。

お客様が教えてくれたニーズから、新しい商品が開発されたりもします。

すべてのものはお客様から生み出されるのです。

ですので、本当の意味での資産はお客様しかありません。


例えば、あなたが火事などの災害で一文無しになったとします。

売る商品すらありません。

しかし、懇意《こんい》にしてもらっている得意客の連絡先を知っていれば、一人ひとりにコンタクトを取ればいいわけです。

「実はあの火事で全部失ってしまいまして……。何か私にできることがあれば、仕事を依頼してくれないでしょうか？」

「大変でしたね。あなたにはいつもお世話になっているので、来年お願いしようと思っていたこの仕事を依頼しますよ」

「ありがとうございます。申し訳ないのですが前金を頂くことは可能でしょうか？」

「分かりました、問題ありません。半額を前金でお支払いします。あなたが再起してくれないと私が困りますからね。応援していますよ！」

このような信頼関係のあるお客様が数人いれば、ゼロから再起することも可能です。

しかし、いくら商品が残っていたとしても、買ってくれるお客様がいなければどうしようもありません。

一番の資産はお客様である、というわけです。

「人とのつながり」には迷わず投資する

ですので、ビジネスにおいては、お客様が増えていく可能性があるのであれば、積極的に投資していくのがセオリーです。

多くの場合、お客様は誰かからのつながりでやってきます。

人とのつながりには無限の可能性があります。

短期的に金銭的なリターンが見込めないとしても、できる限りいろいろなつながりを作るのがおすすめです。

私の場合も振り返ってみると、今の売上はある人とプロジェクトを行ったおかげで、その人とのつながりはあの人で、あの人とのつながりはあの人で、という感じでたどっていくと、最初に出会った人のご縁からすべて始まっていることに気付きます。

当時は会社勤めをしていたのですが、起業家の集まる場所に顔を出したのがきっかけで、いろんなことが変わりました。

起業家の方々と交流を深めることで、会社員では思いもつかないような行動を取り、自分でビジネスを始めることにだんだんとリアリティを感じるようになりました。

もし、あの時、あの場所に自分が行かなかったら、人生はまったく違っていたでしょう。今でも会社勤めを続けていたと思います。

起業当初は誰かから紹介されてお客様がやってくるものです。実際、人とのつながりで私の人生はがらりと変わりました。その価値を金額に換算したら途方もない数字になることでしょう。

ゆくゆくは大きな資産になるわけですから、人脈を作ることにはお金や時間をかける価値が大いにあります。

成功している経営者はこのことが分かっているので、積極的に人のつながりに投資している人が少なくありません。

彼らはモノやサービスを買っているように見えて、人とのつながりに投資をしています。

美術品やワインを買っているように見えて、本当はそこでできるつながりに投資をしているのです。

また、お茶を習いに行っている友人がいるのですが、そこでの出会いがビジネスにつながっているそうです。彼は高級な洋服を扱っているのですが、お茶には芸術に対する感受性の高い人が集まっているので、お客様になってくれたり、紹介をしてくれたりすることが多いそうです。

十分に売上をあげている経営者が、継続的にセミナーで学ばれていることがあります。学ぶ内容というよりも、そこでビジネスパートナーが見つかることにものすごく価値があるというわけです。

同じモノでも、浪費にも投資にもなる

ここまで、「お客様が増えることに投資する」ということでしたが、もう1つの観点として、**「お客様にとっての価値が高まることに投資する」**という考え方もあります。

例えば、商品を入れる「買い物袋」を新しくするか迷ったとします。

もし、これが高級な服とかスイーツのお店であれば良い投資と言えるかもしれません。買い物の「体験」自体がお客様にとっての価値だからです。買い物袋がゴージャスなほうが、購入した時の満足度が上がるのであれば、これは価値ある投資です。

一方で、安い価格で接客のフレンドリーさがウリのお店なら、買い物袋は価値には関係ないかもしれません。

お客様にとっての価値が高まらないのに、「自分のビジネスをカッコよく見られたい」という動機で買い物袋を新しくしたり、いいビルにオフィスを借りたり、カッコいいロゴを作ったり、専用の封筒を作ったりしてもお金の無駄です。まさに浪費です。

あなたが旅行に行くことでリフレッシュできて、よりよいサービスが提供できるなら、その旅行には価値があるいい投資と言えるでしょう。あまり楽しめず、疲れて仕事に支障が出るなら浪費です。

学ぶことで提供できる価値が増えるなら、それもいい投資です。

そのお金の使い道で、お客様が得られる価値が高まるでしょうか？

迷った時はぜひ、考えてみて下さい。

自分を動かしてくれることにも投資する

少し観点が変わりますが、**「あなた自身を動かしてくれるもの」**に対しても、ぜひ投資することをおすすめします。

なぜなら、あなたが動かなければ売上は生み出されないからです。

「お金を使って広告を出せば、自分が動かなくても集客できる」とか、「社員を雇えば仕事を任せられる」というイメージの方も少なくありませんが、実際はそんなに簡単にはいきません。

いい広告ができるまでには、何度もキャッチコピーを見直す必要があります。そこまで粘り強く考えるのは経営者本人でないとやれません。

また、社員という他人を動かすのは、自分を動かすより大変です。

特に起業当初はすべて自分でやる必要があるものです。

では、自分を動かすのは簡単か？　というと、これまた思い通りにはいかないものです。

本で読んだことを実際にやってみようと思っていても、日常業務に埋もれてズルズルと3ヵ月も4ヵ月も経ってしまうことはよくあることです。新しい売上を作らないといけないのに、つい目の前の仕事に逃げてしまったり、明日にしようと先送りしてしまうわけです。

よほど意志の強い人なら話は違いますが、多くの人は怠惰なものです。

成功する人は「自分の意志は弱い」という前提で、自分を動かしてくれるものに投資します。

例えば、私の周りでは、本当に成果を出したいと思っている経営者は、エグゼクティご愛読誠にありがとうございます。

読者カード

●ご購入作品名

●この本をどこでお知りになりましたか？

年齢　　歳　　　　　性別　　男・女

ご職業　1.学生（大・高・中・小・その他）　2.会社員　3.公務員
4.教員　5.会社経営　6.自営業　7.主婦　8.その他（　　　）

●ご意見、ご感想などありましたら、是非お聞かせ下さい。

●ご感想を広告等、書籍のPRに使わせていただいてもよろしいですか？
※ご使用させて頂く場合は、文章を省略・編集させて頂くことがございます。
（実名で可・匿名で可・不可）

●ご協力ありがとうございました。今後の参考にさせていただきます。

郵　便　は　が　き

料金受取人払郵便

渋谷局承認

7105

1 5 0 8 7 0 1

0 3 9

差出有効期間
2020年9月
11日まで

東京都渋谷区恵比寿4−20−3
恵比寿ガーデンプレイスタワー5F
恵比寿ガーデンプレイス郵便局
私書箱第5057号

株式会社アルファポリス
編集部 行

お名前	
ご住所　〒	TEL

※ご記入頂いた個人情報は上記編集部からのお知らせ及びアンケートの集計目的以外には使用いたしません。

アルファポリス　http://www.alphapolis.co.jp

ブコーチをつける人も多いです。

一人だと怠けるからと、経営者の集まる会にずっと参加されている方もたくさんいらっしゃいます。


私も、サラリーマン時代に起業家の方々に触れることで、少しずつ自分を変えることができました。「まだまだやれることがある！」と素直に思えるようになったのも、そういう環境に身を置いたからだと思います。

投資を価値あるものにするのは自分！

ここまで読んで、

「しまった！　もう投資してしまった！　しかも、お客様が来ない」

という人も、人生はここからです。

投資を価値あるものにするか？　無駄にするか？　はこれからのあなた次第です。

過去の投資を価値あるものにするために、今、あなたが行動すればいいのです。

例えば、大量に発注した商品が売れずに、損切りをすることもあるかもしれません。
しかし、それをお世話になっている人たちにプレゼントしたり、別の商品のオマケとして付けるなど、知恵を使えばさまざまな使い道が見つかります。

人生に無駄なことはありません。

大事なのは、必ず元を取る！　転んでもただでは起きない！　という決意です。
その気合があれば、どんな投資も無駄にはなりません。

結局は、何もしないで時間が過ぎていくことが、一番の浪費ですので。

3-2 「商品」よりも先に「お客様」を作る

「オープンしたらすでに満室」が理想のビジネス！

人気のテーマパークに新しいホテルができる場合、オープンの数ヵ月前には予約の受付が開始されます。

そして、熱狂的なファンが殺到して、オープン前にすでに満室です。

儲かることが確定しているので、ホテルの建設やスタッフの教育にしっかりとお金を使うことができます。

実は、これが理想のビジネスの姿です。

どういうことかというと、**ビジネスに成功している人は、商品を「作る」前に「売る」ということです。**

作ってから売るのではなく、売れてから商品を作るわけです。

これなら、リスクなくビジネスを進めることができるわけです。

あなたの商品を買いたいファンが、商品ができる前から今か今かと待ち構えている状況を作ることができれば、あなたがビジネスで失敗することはありません。

ですので、**先に作るべきなのは、商品ではなくお客様なのです。**

同じお金と時間があるなら、まずは、お客様を作るために使うのがセオリーです。

商品を作るお金は、そのお客様たちからいただければいいのですから。

「作ったけど売れない」は致命傷の危険アリ

しかし、多くの人はこの逆です。

ビジネスに慣れていないと、**「商品が完成していなければ売れない」**と思ってしまうものです。そして、時間とお金をかけて、売れるかどうかわからない商品を作ってしまうのです。

そして陥ってしまうのが、このようなよくある状況です。

まず、大量の**「在庫の山」**。

いざ販売開始してみると、お客様のニーズとズレていて、思うように作った商品が売れずに在庫の山になってしまう、ということはよく起こります。お笑い芸人が自分のバッジを10万個作ったという失敗談を聞いたことがありますが、実際千個売るのも大変です。

イベントの場合は、**「ガラガラの会場」**になってしまいます。

自分では「画期的だ！」と思って、大きな会場を借りてイベントを企画しても、なかなか人が集まらず、仕方なく無料で知り合いに来てもらうという状況に陥ります。イスや机を減らして見栄えを工夫できる場合もありますが、固定席の場合はロープを張ったりして、殺風景になってしまうなんてこともあります。

「ガラガラの店舗」もよくある光景です。

サロンやカフェを開業することだけに一生懸命になりすぎて、集客を考えていなかったので、全然お客様が来ないわけです。ある人は自分のカフェに近所のママ友達しか来ない、という日々を過ごしていました。

そして残るのは**「ローンの返済」**だけ。

店舗の初期費用、施術のための高額の機械、高価なドリンクのマシン、などのローンをずっと返済しつづけるという状況です。

このような状況になってはじめて、「この商品は売れない」「このイベントは人気がない」ということに気付きます。

先に商品にお金を使ってしまうと、失敗した時に大変な状況になるのです。

「ないものを売る」のは詐欺か？

「存在しないものを売るのは詐欺だ！」

とおっしゃる人もいます。

「詐欺」という言葉は極端ではありますが、少し後ろめたい気持ちになるという程度であれば、案外多くの人が感じることかもしれません。

「売る」となると、「自分がお金をもらった」ことを強く意識してしまう人もいるからです。何もしてないのにお金をもらうのは恐い、というわけです。

しかし、いわゆる「受注生産」や「オーダーメイド」であれば、これは普通のことです。注文を聞いてから要望に合った商品を作るわけです。今は何もなくても、これからしっかりと商品を完成させればいいのですから。

要は、**「先に売る」というのは、「お客様のニーズから始める」ということなのです。**

売れるまでにはお客様の要望をいろいろ聞いて、工夫して提案をしていると思います。

「それはいい！　ぜひ買うよ」

とお客様が言うような条件をしっかりと把握できますし、それに向かって商品やサービスを作ればいいわけです。

まったくできる目途の立たないものを売るのはよくありませんが、頑張ればできると判断できるものであれば、問題ありません。

それに、**「そもそもお客様にピッタリの商品やサービスは存在しない」**というのが前提でいいのではないでしょうか。

すべての商品は受注生産が基本です。

昔の宮廷画家などは、依頼をされてからニーズに合ったものを描いていました。家なども、土地の広さや形に合わせて建てることも多いです。

既製品を大量生産できるようになりましたが、歴史的に見ればつい最近のことではないでしょうか。

何度かやってみると分かりますが、**早い段階で世に出しても、ものすごく時間をかけて考えてから世に出してみても、お客様の反応はほとんど変わりません。**

ですので、ある程度コンセプトが決まったら、さっさと世に出してしまって、テストするのがおすすめです。その反応を見ながら商品をチューンナップするのです。

まさに、走りながら考える感じです。

興味を持ってくれている人から実際の意見を聞くことほど、商品開発に役立つことはありません。

小さな会社が「商品」を作る前に「お客様」を作る方法

この考え方はいろんなビジネスに応用できます。


以前、品川に飲みに行こうと誘われたことがあります。

でも、集合場所はあるマンションの前でした。

どこに行くのかと思ったら、エレベーターに乗って、普通にマンションの一室のドアの前に来ました。

ドアを開けると、そこには居酒屋風に飾り付けたリビングがありました。

イスはなく、カーペットに座るのですが、低めのテーブルが2つぐらい置いてあり、ちゃんとメニューもありました。

実は、その人は、数ヵ月先に居酒屋をオープンする予定なのですが、その前にこうやって自宅に口コミで人に来てもらって、開店前に得意客を作っているわけです。

来てくれた方には、ちゃんと名刺交換をしてたくさんの人とつながっておきます。

「オープンしたらぜひ来てください」とお願いしておき、逐一メールで進捗状況を送っておきます。

つまり、**「まだ存在しない居酒屋」の見込み客を集めている**、ということです。

いきなり店舗を借りて資金をつぎ込んでしまうと、回収できるか不安かもしれませんが、見込み客が何人もいたら、安心してオープンできるというわけです。

また、**「まだ存在しない英会話スクール」**の見込み客を集めていた人もいます。

それは簡単なことで、その友人は副業で英会話に関するメールマガジンを配信していただけです。

起業の準備が進んで、いざ英会話スクールを始めたいと考えた時、その人はメールマガジンの読者にモニターの募集を送りました。

そうすると、長らく読んでいた読者の人たちは「あ、この人何か始めるのか」「面白そう」「応援してあげよう」と、すぐにモニターはいっぱいになったそうです。

それ以降は、口コミで生徒が集まっているとのことです。

その人の場合も、最初からスクールの店舗を構えていたら、資金的に大変なことになっていたことでしょう。

その他にも、起業前から経営者と名刺交換をたくさんして、コンサルタントとして独立した時にすぐに仕事がもらえるように準備をしている人も多いです。

書籍などは、ネット書店の事前予約の状況を見て印刷する冊数を調整します。

高級車は注文を受けて生産します。

ネットで事前注文を募ってから雑貨を作る会社もあります。

さまざまなビジネスにおいて、先にお客様、すなわち「見込み客」を作ることは可能です。

小さな企業こそ、知恵を出して「作る前に売る」を実現するのがおすすめです。

どうしても売る前に作らなければならない時は？

先に売ると言っても、まったく何もない状態では売ることができない場合もあります。

その場合は、最低限必要な部分だけ作るのがセオリーです。


例えば、新築の大きなマンションを売る時には、**モデルルーム**を先に作ります。

もちろん、マンションのデザインなどは決まっていますが、マンション自体を先に建てる必要はありません。


また、「研修」を売るなら**企画書や提案書**は必要です。

ただし、当日のテキストやスライドまで、売れる前に作り込む必要はないわけです。


アプリを作るなら、**デモ画面**だけを作ってプレゼンすればいいかもしれません。

そのフィードバックをもらって、しっかりとした商品を作ればいいのです。

どうしても作らなければならない時は、**「最低限、何があれば販売できるか？」**という質問を自分にしてみてください。

- **その商品のよさを伝えるには、何が必要でしょうか？**
- **その商品の実現可能性を判断するには、何が必要でしょうか？**
- **その商品の購入の判断をしてもらうには、何が必要でしょうか？**

意外と、作らなければならないものは少ないことに気付くはずです。

意欲的な約束があなたを成長させる

お客様からの要望に「できます」と答えて、必死になって勉強してなんとかこなした、という話は私の周りでもよく聞きます。

あまりにも無謀な約束であれば問題ですが、あなたのスキルや能力をストレッチすることで対応できるのであれば、ぜひ、積極的に自分の力量以上のオーダーを受けることをおすすめします。ギリギリできるかも、という仕事を受注してみましょう。

この時に大事なのは、「必ずお客様に満足してもらう」という自分へのコミットメントです。

依頼されて、「なんとかやってみましょう！」というのがプロの仕事ではないでしょうか。

相手も、きっとあなたならできると思っていますし、難しければ手伝おうという気もあると思います。

お客様を信頼し、あなたの未来の可能性を信頼して、進んでいきましょう。

今、簡単にできることだけをやっていては成長がありません。そのうち、世の中に取り残されてしまいます。

毎年毎年、お客様のニーズは高まっていきます。

それにしっかり応えているだけで、いつの間にかあなたはオンリーワンの存在になっていることでしょう。

3-3 集客を必然にできれば起業の不安の9割はなくなる

集客を偶然に頼る恐怖

「いやぁ、集客はちゃんとしていなくて、紹介だけなんですよ」

という言葉は本当によく聞きます。何年もビジネスをしている人からもです。

集客を偶然に頼っているわけですが、これは本人にとっては大きな恐怖です。


「いつ仕事がなくなるか？」

「今は大丈夫だけど、来年が心配」

などと、いつも戦々恐々としながら生きていかなければなりません。

常に不安を抱えながらストレスフルに生きている経営者が、想像以上に多いことに驚きます。

「このままではいけない」と思い立つと、多くの人は集客の方法を勉強し始めます。
本を読んだりセミナーに参加したりして、いわゆる「最新のマーケティング手法」を学んだりするわけです。
しかし、表面的に手法を学んでも、自社に当てはめて日々実行するのは、なかなか骨の折れる取り組みです。
それで「ああ、自分には無理だ」「うちの会社には難しい」と挫折する人が続出します。

あなたの場合はいかがでしょうか？

ちょっと後ろ向きなことを書いてしまいましたが、心配は要りません！

一度挫折した方も、ちゃんとすれば集客はできますので安心してください。

集客の本質が分かれば、誰にでも必然的にお客様と出会うことは可能です。

まだこれからという方は、派手なマーケティング手法に翻弄される前に、ぜひ、最後までお読みください。

あなたにも売る力はある。それを必然に変えるだけ

お客様が一人でも買ってくれたのであれば、それはとても素晴らしいことです。現実として売れているわけです。決して売上ゼロではありません。ゼロとイチでは雲泥の差があります。

とは言っても、

「偶然に売れているだけなんです」

「たまたま、仲のいい人が買ってくれるだけなんです」

と自信なさげな方が多くいます。

あなたがもしそうであったら、ぜひ、思い返してみて下さい。

仲のいい人は、いつから仲がいいのでしょうか？

最初はどうやって知り合ったのでしょうか？


仲のいい人しか買ってくれないというのは、実際そうなのかもしれません。

セールスをしたわけではないので、自分の力ではないと感じてしまうのは当然です。

でも、そのためにあなたは、その人と出会い、仲よくなる、という行動をしていたわけです。

それは、あなたの実力です。

買ってくれるかどうかは偶然ですが、仲のいい人は、あなたの努力によって増やせるのです。


偶然に仲がよくなったプロセスを思い出してみて下さい。

そして、そのプロセスをより積極的に行うことで、「あなたらしい集客のしくみ」ができあがります。

仲のいい人しか買ってくれないことが悪いのではありません。紹介でしかお客がいないのが悪いのではありません。

それを偶然に任せていることが問題なのです。


なぜ、仲がよくなったのか？　なぜ、紹介をしてくれたのか？

それを明らかにして、再現性を持たせることが成功の秘訣です。

そのやり方は、あなたにとっては気楽に楽しくできることに違いありません。自然とやってしまうことなのでしょう。

あなたにとって最強のマーケティング手法になるはずです。

「見込み客」と「集客の４ステップ」

ここで出てきた「仲のいい人」をマーケティング用語に当てはめてみると、それは**「見込み客」**と表現することができます。

友達を「見込み客」と呼ぶのに抵抗がある人もいらっしゃると思いますが、便宜上そう表現するだけですのでご了承下さい。

さて、既存のお客様について購入のプロセスを遡《さかのぼ》って考えてみましょう。

「じゃあ、これを買います」

とお客様が言ってくれたシーンから、時間を巻き戻してみます。

すると、その前は、お客様が商品を検討してくれていたはずです。商品の説明を聞いていたかもしれません。真剣な表情をしていたかもしれません。いろいろ質問をしていたかもしれません。

ではなぜ、商品説明を聞きに来て、購入を検討してくれたのでしょうか？　さらに時間を巻き戻してみましょう。

すると、そのお客様とは、何度かお会いしていたことに気付きます。例えば、一緒にランチを食べに行ったりしたかもしれません。何かの勉強会で、一緒に学んだことがあるのかもしれません。

何度か会うことで信頼関係ができていたので、いろんな会社がある中で、自社を選んでくれたわけです。

さらに時間を巻き戻して、最初の段階まで巻き戻しましょう。

当然のことですが、必ず「最初の出会い」があるはずです。

何かの集まりでお会いしたとか、セミナーで隣に座ったなどの出会いです。

これが、お客様の購入プロセスの最初になります。

さて、お客様が出会って購入してくれるまでのこの流れを整理すると、

①出会う→②仲よくなる→③検討する→④買う

この4つのステップに整理できます。

あらゆるビジネスにおいて、集客活動はこの4ステップに整理できますので、ぜひ、覚えておいてください。

「出会い」には無限の価値がある

そうやって見ていくと、最初はただ単に名刺を交換しただけかもしれませんが、数多く名刺交換したその中の一人が、あなたの商品を購入するに至ったわけです。

もし、あなたがそこでその人と出会っていなかったら、その売上は発生していないわけです。

ですので、「出会う」ということはビジネスにとって、とても重要になります。「名刺交換なんて」とバカにするのはもったいないです。すべての出会いに可能性があります。

そして、**この「出会って」から「購入」していただくまでの間にいる人のことを、すべて「見込み客」と定義すると分かりやすくなります。**

繰り返しになりますが、「こいつらは見込み客だぜ」とヨダレを垂らして虎視眈々《こしたんたん》と狙うわけではありませんので、念のため。思考の整理のために「見込み客」と呼んでいるだけで、悪い意味はありません。普段は友達であり、仲間です。でも、たまたま買ってくれる可能性もあるということです。

仲のいい人が増えれば増えるほど、買ってくれる人も増えます。
やり取りをすればするほど、仲のいい人は増えます。
出会いが増えるほど、やり取りができる人も増えます。

買ってくれるかどうかはお客様次第ではありますが、買ってくれるかもしれない見込み客を増やすことは、あなたの努力次第で可能なのです。

それには、まず出会い、そして関係を育てることです。

売上を安定させている人は、これらを数字で把握しています。
１００人と名刺交換をすれば、10人ぐらいはやり取りをするようになり、そのうち１

人が3ヵ月後に商品を買ってくれる、ということが分かってきます。

とすると、300人と名刺交換をすれば3人。**つまり売上が3倍になります。**

もちろん、これは単純計算でその時によってブレが生じますが、長い目で見ればだいたいの割合に安定してきます。

売上を増やすには「見込み客」を増やすこと。

そのためには、そもそもの「出会い」を増やすということが必要なのです。

売上は見込み客の数に単純に比例します。

同じ商品を扱っているのであれば、「見込み客」を集められる人が売上を増やせるわけです。

いきなりお客様を探そうとせず「見込み客」を増やすことに専念してください。

実際に会ったことがない人であっても、あなたのことを一方的に信頼してくれている場合もあります。これも「見込み客」です。
例えば、あなたのネット上での投稿を読んでくれていたり、メールマガジンを読んでくれている人などです。あなたから直接コンタクトが取れる状態の人です。
ですので、メールマガジンの読者数と売上も、単純に比例するわけです。

集客とは与えるプロセスである

「集客がキライ」
「集客が苦手」

と言う人には特徴があります。

それは、「買ってもらおう」という意識が強すぎるということです。

つまり自分に意識が向きすぎているわけです。

気の強い人であればいいかもしれませんが、そうでない人は「嫌われるのではないか……」と気を使ってしまうので、緊張するし苦しくなってしまうのです。

売れる人はそうではありません。

「買ってくれるかどうかは相手が決める」と思っているので、ただ無理のない程度に情報を提供したり、できることをするだけです。別に買ってもらわなくても問題ありません。

自分ができる範囲で「与えて」いれば、関係は深くなっていきますし、そのうち買ってくれる人も出てきます。

結果を気にせず楽しみながら与えていると、抵抗なく行動ができるので、どんどん行動量が増えていきます。

誰でも「与える」ことができる！

「与える」と言っても、難しく考える必要はありません。

多くの人は、「結果を与える」と思っているから、辛くてしんどくなるのです。

「与える」というのは、シンプルには「相手の感情をよくすること」です。

あなたも、誰かに褒められたり、笑顔で挨拶してもらったり、ちょっとしたメッセージをもらうだけでも嬉しいと思ったことがあると思います。

その程度でも「与える」ことになります。

ですので、１００人と名刺交換したら、基本的には全員にお礼のメッセージを送ればいいわけです。（もちろん、合わないと思った人には出さなくてもＯＫです）

メッセージが来たら喜ぶ人は案外多いです。

営業だと思わずに、相手がニコッと笑顔になるイメージをしながら文章を書いて送ればいいだけです。

その中で、やり取りが始まった人には、できる範囲で「与える」ことを気楽に続けていれば、どんどんと仲よくなっていきます。

疲れてしまう場合は無理して与えようとしているのだと思いますので、やりすぎは禁物です。あなた自身も楽しくて、相手が喜んでいるのを見るのが嬉しいと思える範囲で「与えて」みてください。

メールマガジンやSNSでの情報発信も、気張りすぎると続きません。「役に立つ情報を載せなければ」と考えてしまって、1行も書けなくなる人もいます。「役に立たなくても、ちょっと笑えた」という内容でも、読んでいる人は嬉しいものです。

ちょっと新しい、ちょっと楽しい、ちょっと笑える、ちょっと役に立つ、ぐらいの「ちょっと」を目指すのがちょうどいいのです。

その「与えるプロセス」が日々のルーティンでできるようになれば、コンスタントにあなたの商品が売れていくというわけです。

偶然が起こるまで行動し続けよう

ここまで、偶然を必然に変えることの大切さを書いてきましたが、気持ちのうえでは「すべての結果は偶然なのだ」という達観した受け止め方でいるほうがいい結果が出ます。

偶然を必然に変えるのは、あなたの行動でしかありません。

必然とは、偶然が起こるまで行動し続けることなのです。

そして、もう1つ信じていて欲しいことがあります。

それは、**動き続ければ必ず偶然が起こる**、ということです。

動けば何かが起こります。

人に会えば何かが起こります。

何が起こるかは事前に予測できませんが、必ず何かが起こります。

それを覚悟できれば、あなたは、もう心配する必要はありません。

行動し続けさえすれば、必ずあなたは成功します。

そしてその時、「あれは偶然だったんです」と、あなたは成功を語っていることでしょう。

3-4

心からお客様のために セールスすれば感謝される

「セールスが苦手」を生み出すある誤解

セールスが好きな人はほとんどいません。

9割の人はセールスが嫌いです。

しかし、セールスは商売の基本です。せっかくマーケティングを行って目の前に見込み客が来てくれたのに、セールスができなければ最終的に売上を作れずに終わってしまいかねません。

では、なぜ、セールスが嫌いなのでしょうか?

実は、多くの人はセールスを**「売り込み」**だと思っているため、苦手意識を持ってしまうのです。

「今まで営業というものを、やったことがありません。テレアポをしたり、買ってもらうために声をかけると考えると、足がすくみます」

「今までの友達に仕事の話を切り出すのが難しいです」

などという相談を多く受けます。

これが「セールス＝売り込み」という定義が生み出す間違ったイメージなのです。

しかし、実際のセールスではそんなことはしません。

本当のセールスとは「売り込み」ではないのです。

売り込まれた感覚はなく、「ちゃんと相談に乗ってもらえた」「いい解決策を提案してくれた」「お得な提案をしてくれた」と感謝したくなるようなものです。

間違っても、急に友達に売り込むようなことはしません。

あなたがセールスの達人になれば、どんどんお客様はやってきます。喜んでくれる人ばかりになります。

本当に売れるセールスというのは、とても気持ちがいいものです。相手も、売られた気持ちにはなりません。

それに**そもそも「無理やり買わせる」なんてことができるでしょうか？**

よっぽどのことがなければ、売り込まれて買うことはほとんどありません。暴力でも振るわれたなら話は別ですが、無理やり買わせるなんてことはできないのです。

繰り返しになりますが、セールスは売り込みではないのです。

感じのいい店員さん、悪い店員さんの違い

売り込みと、そうでないセールスの違いを、アパレルの店員さんを例に挙げて考えていきましょう。

まずお店に入ったら、「いらっしゃいませ」と言ってくれると感じがいいですよね。歓迎されているようで、気分がいいわけです。

感じのいい店員さんは、その後いきなり話しかけてきません。こちらの邪魔にならないように店舗内を移動したり、他の服をたたんだりしています。

そして、商品をいくつか見た中で、気になるものが見つかったら、鏡を見ながら似合うかどうかを確認したくなると思います。

選んだ服をもってキョロキョロしていると、親切な店員さんはさっと鏡をもってきてくれるか、鏡の場所を教えてくれます。

そして、ちょうどよい距離を保ちながら、それでも口数は少ないままです。

真剣に服を比較しはじめたタイミングで、感じのいい店員さんはいろいろと質問をして、ニーズを聞いてくれます。

どんな時に着るのか？　どんな服と合わせるのか？　どんな靴と合わせたいのか？

それで、いくつかの服を提案してくれます。

さて、いいものが見つかったら、買うかどうかの判断が必要です。

そのためには、いろんな疑問・質問に答えてくれる店員さんだと助かります。

家の洗濯機で洗えるのか？　ジーンズとも合うのか？　夏まで着れるのか？　割引はあるのか？　などです。

そして、最後に聞いてしまうのは「似合いますか？」という質問です。

この質問に「はい。お似合いです」と言ってくれると、安心して買おうと思います。

こういう店員さんは、売り込みしているとは感じません。

すべてお客側の気持ちに寄り添ってくれているからです。

つまり、相手の気持ちを無理に変えようとしていません。

お客様の気持ちの変化に応じて、やって欲しいことをしているだけなので、売り込みされている感じはなく、お客様は「自分で決めて買った」と思うわけです。

逆に言えば、感じの悪い店員さんは、その逆をやっています。

・いきなり声をかけてくる。

・鏡が欲しい時に気付いてくれない。
・ニーズをちゃんと聞いてくれない。
・疑問・質問に答えられない。
・背中を押してくれない。

ということです。

このセールスのプロセスは、多くの業種に当てはまります。
これから1つずつ詳しく見ていきます。

情報提供は「売り込み」ではない

まず、看板を出したり服を店頭に並べたりするのは情報提供です。
チラシを配布したり、呼び込みをするのもそうです。
これは単に「情報提供」であって売り込みではありません。

道を歩いている人の手を引っ張って、店の中に引っ張り込んでいるわけではなく、興味がある人だけ入ってもらえばいいわけです。

「買わなくてもいいから一度見ていってください」

という軽い気持ちでいいわけです。

買わないで出ていく人もたくさんいますが、その人たちにも「わざわざ見に来てくれてありがとう」という感謝の言葉が自然に出てくると完璧です。

ヒアリングは「売り込み」ではない

目の前のお客様に売れないのは、お客様への共感が足りないからかもしれません。

相手がどんな状況にいて、どんな立場で、何に悩み、どんな気持ちで、どう苦しんでいるのか？

それが理解できればできるほど、セールスは簡単です。

なぜなら、お客様に共感していれば、自然によい提案をしてしまうからです。

相手の悩みに共感できていれば、変に売り込もうという気にもなりません。**誠心誠意、相手のためにできることをしようという気持ちになります。**共感すればするほどその気持ちは100%に近づいていきます。

なので、セールスは「どれだけじっくりヒアリングするか?」でかなり成約率が変わってきます。

聞けば聞くほど、理解すればするほど、共感すればするほど、

「この人のためにこれを提案しよう」

という気持ちになれます。

それは「売ろう」ではなく、「手助けしよう」「サポートしよう」という気持ちなわけです。

不安の解消は「売り込み」ではない

人が購入に至るためには、「買いたい」という気持ちを高めるとともに、「失敗したくない」という不安を解消する必要があります。

ですので、お客様が買いたいという気持ちになると、その次に細かな質問をしてくるものです。

逆に言えば、細かく質問をしてきたと思ったら、その商品を買いたいという気持ちがかなり高まっていると考えてよいでしょう。

このタイミングになると、買う理由だけでなく、買わない理由をいろいろ聞きだして、その解消をしてあげるのが効果的です。本当は買いたいわけですから、不安が解消しないとお客様は消化不良で帰ってしまうことになります。

クロージングは「売り込み」ではない

セールスにはクロージングが付きものです。

クロージングを「買ってください」と、お願いすることだと勘違いしている人も多いかもしれません。

しかし実際は、売れている人は「買ってください」という言葉は使っていません。

もちろん、何もしてないわけではありません。
ちゃんと目の前のお客様に対して、**クロージングの言葉**をかけています。

その言葉とはシンプルに言えば、「買いますか？」という質問です。
クロージングとは、ただ、確認をするだけのことです。
「欲しいですか？」「買いますか？」という確認です。

人は質問されて、ようやく真剣に考えます。
「買いますか？」と質問されたら答えなければなりませんので、そこでようやく買うかどうかを本気で検討してくれるわけです。

この質問がなければ、ダラダラと会話が続いてしまうということにもなりかねません。
当たり前のように感じるかもしれませんが、売れていない人はこれが言えません。
「いらない」と言われるのが怖いという気持ちが強いからです。

しかし、買わない人に多くの時間を使うのはお互いにもったいないことです。ある程度のタイミングで「買いますか？」という確認をすることは、お互いのためなのです。

背中を押すことは「売り込み」ではない

購入の条件が合って「欲しい」「買いたい」と思った時に、お客様が求めているのは背中を押してくれることです。

お客様の「似合いますか？」という質問は「はい。お似合いです」と言って欲しいから聞いているのです。

これは、買いたいと思っている自分の判断が「間違っていない」と、他の人にも認めて欲しいからです。やはり、自分だけの判断は不安なものだからです。

この段階になると、「決断できる決め手が欲しい」とお客様は思っています。

「定番ですから何年も着られますよ」
「私も着ています」
「返品もできますので、ご安心下さい」

という感じで背中を押してもらいたいのです。

繰り返しになりますが、お客様は買いたいのです。

そのお手伝いをしましょう。

お客様は買いたい！

何度も何度も言いますが、お客様は買いたいのです。

いい買い物をしたいし、遊びに行きたいし、知的な情報も得たいし、ワクワクする体験もしたいのです。

セールスという仕事は、売ることではなく、お客様が買うためのお手伝いです。

お客様の気持ちに寄り添って、最高の購買体験をサポートしてあげて下さい。

そういうスタンスで接していれば、感謝されることも増えていくはずです。

3-5 ビジネスの「安定」はどこから来るのか？

何がビジネスの「安定」をもたらすのか？

起業した当初は、寝る間もなく忙殺されるのが普通です。来る日も来る日も集客に追われ、トラブルに追われ、落ち着く暇がありません。寝不足になりながら、**「ああ、ビジネスを早く安定させたい」**と多くの起業家は願います。

では、その「安定」とはどこからもたらされるのでしょうか？

なぜ、頑張っているのに「安定」しないのでしょうか？

多くの人は「ビジネスの安定」がどこからもたらされるのか理解していません。

努力の方向を間違えてしまって、いつまで経っても忙しいまま、日銭のためにずっと動き回らなければならなくなってしまうのです。

・商品のよさが安定をもたらすのか？
・ブランドや知名度が安定をもたらすのか？
・ビジョンの明確さが安定をもたらすのか？
・業務効率が安定をもたらすのか？

もちろん、それらも重要な要素ではありますが、直接的な要因ではありません。

実は、ビジネスの安定は「既存客」からもたらされます。

例えば、ビジネスが安定している美容室というのは、たくさんのお客様が何年もずっと通ってくれています。

わざわざ広告を出さなくても、既存客がちゃんと来てくれるだけで家賃が払えてスタッフの給料が出せていれば、まさにこれはビジネスが安定している状態です。

このシンプルな事実に気付かないまま、既存客をつなぎとめる施策を打っていないと、売上があがっても利益が残らず、いつまでたっても安定しないという状況に陥ってしまいます。

商品も大事だし、ブランドも大事です。ビジョンなどのメッセージも重要ですし、業務効率も欠かせない要素ですが、**そのすべてを既存客との関係を維持するために使うこ**とが重要だということです。

あなたは、既存客との付き合いを長くする努力をしているでしょうか？

ビジネスが「安定」するメカニズム

さて、ビジネスの「安定」とはどういう状態なのか、もう少し一般論に落とし込んで整理したいと思います。

非常に簡単な表現をすれば、ビジネスの安定とは、「無理をせずに利益が出る状態」だと思えばよいでしょう（「利益よりキャッシュフローが大事だ」などと言い出すと話がややこしくなりますので、ここではシンプルに利益に焦点を当てますね)。

その「利益」とは、当然のことながら以下の式で表されます。

利益＝売上－経費

ということは、「利益」を増やすには、なるべく「経費」がかからないように「売上」が増えればいいわけです。

しかし、**新規集客の場合は、「売上」もあがりますが、「経費」も大きくなります。**

というのは、もっとも労力がかかるのが集客だからです。

美容室の例で言えば、折り込みチラシやＷＥＢ広告にものすごいお金を出して、ようやく新規のお客様が一人来てくれるという感じです。

しかも初回は割引だったりして、赤字になってしまう場合も多いでしょう。

初回のカウンセリングにも時間がかかるし、データを新規入力して会員カードを作ってという作業も発生しますので、手間も相当かかります。

お客様とは初対面ですので、スタイルの好みも分かりませんし、どんな接客が好きなのかもわからないところからのスタートです。担当スタッフも非常に気を使うわけです。

要するに、**経費の正体は「集客コスト」だと思っておけばいいと思います。**


しかし、既存客にはこの手間がかかりません。

すでに知った仲ですし、お互いに信頼関係もできています。


「来月の予約もされますか？」

というひと言で、未来の売上が立ちますし、ちょっとした声掛けでトリートメントなどの商品や、ヘッドスパなどの追加のサービスを買ってもらえる場合もあります。

また、来店されていない時でも、ハガキ1枚、電話1本、メッセージ1通で来店を促したり、商品を買ってもらえる場合もあります。

これもほとんど経費はかからないのにもかかわらず、しっかりと利益をもたらしてくれます。

しかも、長い付き合いをしていたら気心が知れていますし、どのようなメッセージを伝えればいいかも分かっていますので、コミュニケーションの気苦労もありません。

それに、満足してくれているお客様は口コミをしてくれますので、**経費をかけずに新規客を増やすこともできます。**

こういう既存客がたくさんいればいるほど、ビジネスは安定するわけです。

低コストでできる既存客フォロー

ビジネスに「安定」をもたらしてくれる既存客ですが、何もせずにずっと既存客でいてくれるわけではありません。

あなたのサービスに満足していなければ、すぐに別のところに行ってしまいます。

大事なのは既存客の方々に満足してもらう努力です。しっかりとしたフォローが必要だということです。

実は、ビジネスにおいて最重要なのは、この既存客へのフォローなのです。

華々しくもありませんし、外からは見えにくいところです。

ですが、ビジネスが安定している人は、必ず顧客フォローを大切にしています。

顧客フォローの極意は、誤解を恐れずに言えば、用もなく連絡することです。

友達とか恋人であれば、これは当たり前です。

電話をかけて、

「どうしたの？」

「別に用事はないいんだけど」

という会話も普通です。

「ヒマだから相手して！」

というメッセージを送ることもあるかもしれません。

かなり親しい仲であれば、用もなく単にランチに行ったりします。特に要件は必要ありません。

逆に言えば、**お願いごとの時だけ連絡してくる人に対しては、嫌な気分になるのではないでしょうか？**　お金の無心の時にだけ電話をかけてくる息子みたいなものです。

ビジネスの関係も同じようなところがあります。

何かを売る時だけ連絡するから嫌われる、ということです。

ですので、普段からこまめに連絡をしておく必要があるわけです。

もちろん、友達や恋人のような距離感で連絡をするのではありません。いつもお世話になっているお客様に対して、感謝と親しみの気持ちを込めてメッセージを送ればいいわけです。

それにはさまざまな方法があります。しかも、それほど手間はかかりません。

・定期的に**「メール」**や**「メッセージ」**で情報提供をすることができます。

・**「Q&A」**を送ることもできます。
・**「ハガキ」**を出すこともできます。
・**「誕生日」**にお祝いのメッセージを送ることもできます。
・日本だと**「年賀状」**を送ることもできます。
・割引の**「クーポン」**を送ることもできます。
・フォローの**「電話」**をすることもできます。

サービスを提供してからしばらくしてから、「その後いかがですか？」とフォローの電話をするだけでも印象は違います。

その時に何かを売るわけではなく、純粋にお客様の要望が叶ったかを確認するということです。

そして、「私にできることはありませんか？」ということです。

サービスを受ける側からすれば、気にかけてくれているだけでも嬉しいものです。

このように普段から連絡を取っているからこそ、たまに何かをおすすめしても唐突感を抱かせることがないのです。

優良顧客を定義しているか？

ある秋のことです。

百貨店のメンズ服のフロアで、お店の電話を使って店員さんが話をしていました。

「ご無沙汰しております」

と常連客に電話をかけているようでした。

「冬物のお知らせ」をしているのかと思っていたら、

「春・夏物も入っておりますので……」

という案内の電話でした。

半年先の服を売っているのか！　と感動しました。

それにもまして感動したのは、優良顧客に手厚いことです。

上位20％の優良顧客が、売上の80％を占めるとよく言われます。

たくさんの顧客がいる中で、わざわざ電話をかけているということは、よっぽど大きな金額を購入してくれる優良顧客なのだと思います。

そういうお客様だけをピックアップして、次のシーズンの商品をすすめるために電話をしているわけです。

このように、時間と労力を注ぐ場所を間違えなければ、ビジネスはそれほど難しいものではないのです。

そこで重要になるのが、「誰をフォローするのか？」ということです。

つまり、「あなたのビジネスにおいて、誰が優良顧客なのか？」という「定義」です。

- **「見込み客とは誰を指すのか？」**
- **「顧客の定義は？」**
- **「優良顧客の定義は？」**

うまくいっているビジネスでは、この「定義」がきちんとできています。

あなたのビジネスでは、「優良顧客」とは、どういう条件を満たすお客様なのでしょうか？

これは、1ヵ月以上考えてもいいぐらい費用対効果の高い問いです。

多くの利益を生み出してくれる優良顧客を割り出して、その人に多くの時間と労力を配分すれば、あなたの会社の収益は劇的に改善することでしょう。そして、大いに安定するに違いありません。

一生のお付き合いだとしたら？

お客様と長いお付き合いになるかどうかは分かりません。

しかし、大事なのは、最初から「長いお付き合いをしていこう」と思っていることです。その気持ちが相手に伝わるのです。

5年、10年という期間かもしれませんし、もっと長いお付き合いになるかもしれません。最も強いのは、**「この方と一生のお付き合いをする」**という気持ちでいることです。

実際にそんな付き合いになるお客様はほとんどいないかもしれませんが、心構えとして、「もし一生のお付き合いだとしたら、どういう接し方をするだろうか？」と考えることはとても大切ですし、相手との関係が劇的に改善します。

なかなか思うようなサービスが提供できなくても、求められている結果がうまく出なくても、途中で関係が悪くなっても、一旦関係が途切れたとしても、どんなことがあっても、一生かけてサポートすると決めていたなら、少々のことは気にせずどっしりと構えていることができます。

それに、物理的な支援はできなくても、心の中でお客様のことを応援することはできます。

そういう意味では、一生のお付き合いというのは嘘ではありません。

何よりも大切なのは、お客様をずっと応援する気持ちです。

その気持ちが強ければ強いほど、あなたのビジネスは安定していきます。

第4章

確実に成果を出すための実務のしくみ

4-1 成功は「今日やること」の明確さに比例する

「今日、何をしていたんだろう……」となっていませんか？

「今日やることが分かっている」と自信を持って言える人は、ビジネスでもなんでも成功させてしまいます。

一人の人間がやれることとは限られていますが、やるべきことに集中できれば大きな成果は誰にでも出せるのです。取り立てて特徴や強みがない人でも、いつの間にかけっこうな売上を生み出したりしています。

逆に、スキルや経験が豊富な人でも、**「今日、何をやればいいのかわからない……」**という人は、なかなか前に進みません。

その人にやる気がないわけではありません。

やる気は十分だし、大きな夢も語ってくれます。


「新商品を出すつもりだ」

「新しいマーケティングを導入する」

「お店を出そうと思う」

と意気込みはしっかりしています。


しかし、数ヵ月たって再会しても、同じことを言っています。

その間、何も進んでいないのです。


「毎日、何をやっているんですか？」

と質問しても、「えーっと……」と口ごもって、すぐに答えられません。


つまり夢を見ているだけで、何もしていないということなのです。

漠然と1日を過ごしてしまっているのです。

もちろん、何もやっていないわけではありません。
メールの返信や雑務に追われて、あっという間に1日が終わってしまい、「今日も忙しかった」という気分を感じています。忙しいわりに、「今日、いったい何をやっていたんだろう……」と自己嫌悪になるわけです。

あなたはいかがですか？
今日、やるべきことが分かっていますか？
今やっているその仕事は、ちゃんとあなたの未来につながっているでしょうか？

今の行動を未来の成功につなげるには？

どうして、今日やることが分からないのか？
どうして、今日の仕事が未来につながっている手ごたえが感じられないのか？

それは、**「夢」から「目の前の行動」へ、逆算していないから**、です。

うまくいっていない人は、「自分の夢や目標」と「目の前の行動」がリンクしていません。

夢物語としてワクワクはしていても、現実とはまったくの別世界であり、「いつかそこに行けたらいいいな」とだけ考えています。

セミナーなどで学んでも、「今日学んだことの中で、何をいつやりますか？」という質問をすると即答できないこともよくあります。

自分にとっての具体的なアクションに落とし込む、という作業がポッカリ抜けているのです。

一方で、成功している人は、夢と目の前の行動がリンクしています。

「この作業で夢に一歩近づく！」とワクワクとしたイメージを持ちながら、目の前の仕事をこなしていきます。

ですので、大事なのは、夢や目標を小さなアクションに細分化していくことです。

でも、これは難しいことではありません。
紙と鉛筆があれば誰でもできます。

3年かかる目標であれば、

・2年後はどこまで到達していればいいか?
・1年後はどこまで到達していればいいか?

と逆算していきます。

・半年後は?
・3ヵ月後は?
・1ヵ月後は?

という風にどんどん逆算していくと、「今週やるべきこと」「今日やるべきこと」が明確になっていきます。

難しい事業計画でなくて大丈夫です。

紙でもホワイトボードでも黒板でもいいので、スケジュールを逆から書いていくだけで、だんだんと今やるべきことが見えてきます。

例えば、お店をやっている人が12月のクリスマスシーズンにキャンペーンを開始するのであれば、11月末には準備ができていなければなりませんよね？

そうなると10月ごろからさまざまな発注が必要ですし、9月の終わりには企画が決まっていなければなりません。

じゃあ、9月の始めか8月ごろには企画を考え始める必要があるな、ということが分かります。

そうすると、最初の仕事は、

・他社のキャンペーンを見てみる

・参考になる雑誌を買う
・アイデアをとにかく列挙する

などの簡単なことから始めればいいことが分かります。

これぐらい具体的で小さな作業だと、何をすればいいかイメージが湧くので、人は行動できてしまいます。

しかも、逆算で見えてきたアクションですので、未来につながっている感覚も得られます。

こういった小さな行動を1つずつこなしていくと、最後には大きな成果が生まれるわけです。

その1時間で人生は変わる！

多くの人は誰かの成果を見て、**「成功するためには、何か大きなことをしなければならない」**と勘違いしてしまいます。

そして、小さな作業をバカにして行動を取らなくなるわけです。

本当は小さな1日の、そして1時間の積み重ねが大きな成果を生みます。

毎日のコツコツが人生を変えますので、たった1時間を過小評価しないでください。

本の原稿も1行1行書くしかありません。

物販をするなら、1つ1つ配送作業をしなければなりません。

たくさんのファンがいる人は、一人ひとりにハガキを送っていたりします。

大きな仕事、大きな売上は、すべて小さなアクションの積み重ねなのです。

ビジネスにおいて、行動を起こすのは自分自身です。

人生を変えるとは「目の前の1時間の使い方を変えること」です。

他の誰でもなく、自分のアクションでしか人生は変えられません。

逆に言うと今日の小さなアクションが必ず人生を変えます。

そんなことで変わると思えないかもしれませんが、実際にはそれで人生は変わります。
小さな一歩だとしても、必ず前進しています。
３６５日あれば、かなり大きなことができます。

未来を創る1時間を捻出する方法

もう１つ大事なことは、「いつやるのか？」を明確にさせることです。
つまり、スケジュールを入れて時間を確保することです。

いざ、１日のスケジュールを具体的に考えていくと、使える時間はそれほどないことに気付きます。

朝起きて、ご飯を食べて、着替えて、メールの返信などをして、問い合わせに答えて、昼食を食べて少し眠って、などとしていると、あっという間です。

新しい取り組みに使える時間は、せいぜい1日2時間ということもあると思います。

しかも、本当に集中していられるのは1時間ぐらいかもしれません。

その貴重な1時間も、意識していないと「ちょっと15分だけ休憩」を4回繰り返せばなくなってしまいます。そして、何もしないまま1日が終わってしまうのです。


未来のための仕事が進まない人は、この時間の確保があいまいなのです。


明確に1日の流れを作り、未来を変える時間をしっかりと確保してください。

「今日、○時からのこの1時間でこの仕事をやる！」と決めて、その他の仕事が入らない様にブロックしてしまいましょう。

でないと、緊急な仕事に追われて、「やっぱり明日」「やっぱり来週」とズルズルと後回しになってしまいます。

成功する人は「日常業務」に組み込んでいる

こうやって継続して行動をしていれば、必ず成果はあがるのですが、継続することが人間にとっては難しいわけです。

しかし、それには原因があります。

その作業を「しくみ」にしていないからです。

一過性で済む仕事であれば、プロジェクトを組んで一気にやってしまえばいいのですが、継続的な取り組みは「日常業務」に組み込むということが必要です。

その仕事のために遅くまで働いたり、寝る時間が減るのであれば、続けるのはしんどいですよね。また、家族との時間を犠牲にしたりすると、あとで後悔するかもしれません。

ですので、何かをやる時は、無理なく日常業務でできる作業に落とし込むのがコツです。意志の力に頼るのではなく、「しくみ」でやってしまうわけです。日々のルーティンとして、鼻歌を歌いながらいつの間にか達成、というのが理想です。

私のクライアントには、やることをリストアップしてもらったあと、それをいつどこでやるのかを考えてもらいます。

「どうすれば、日常の仕事の中で自然にその仕事を行ってしまうか？」

「業務時間内にその作業を終えるには、どうすればいいのか？」

などと具体的な作業イメージを作ってもらいます。

ある人は、副業でビジネスを始められたのですが、通勤時間だけを使って見込み客を毎月100人ずつ集めることができています。

行動の記録が重要な理由

こうやって、一歩一歩進んでいくと、必ず理想に到達します。

しかし、結果が出るまでの途中で「全然成果が出ない」とモチベーションを下げてしまう人もいらっしゃいます。本当は進んでいるのですが……。

ですので、私がおすすめしているのは、やったことを記録することです。
1日の終わりに、今日やったことをすべて書き出しておきましょう。
「TODOリスト」を作っている人は、それを残しておくだけでもいいと思います。
小さなことも書くのがコツです。

・本を買った。
・○○さんに連絡した。
・ブログをアップした。
・○○に申し込んだ。
・使い終わった資料をスキャンした。
・お礼メールを出した。
・飲み会に参加した。
・リサーチのためにネットを見た。

などです。

そして、1週間でこなした仕事の数、1ヵ月でやった行動の数を見てみてください。

案外、多くのことをやっていることに気付くはずです。


「なにもやってないわけじゃない」

「一歩一歩進んでいる」

という実感が湧いてくると思います。

まだ成果があがっていなくても、自分はこれだけチャレンジしてきたのかと、自分を誇りに思うことができます。


今のあなたは、過去のあなたの行動の蓄積です。

過去に頑張った分だけ、理想のあなたに近づいているはずです。

そして、今日のあなたの行動が、未来のあなたを作ります。

ぜひ、理想の未来に近づくために、今日を目一杯使って下さい。

4-2 周りが喜んで協力してくれる3つのポイント

孤独になっていませんか？

成功している起業家のことを、なんでも一人でできるスーパーマンのように思っていないでしょうか？
戦略も練られるし、作業もバリバリできるし、数字にも強いし、営業もうまい、ＩＴにも明るいし、などなど。

でも、実際はそんなことはありません。
成功している起業家は、決して一人で成功しているわけではありません。

本当に成功している起業家は、たくさんの人に応援され、自分もできる応援をして、お互いに助け合ってビジネスを進めているわけです。

そして、**成功している起業家はチームでビジネスを行っています。**

たくさんの人に手伝ってもらい多くの人を巻き込みながら、自分ではできない規模のビジネスをやり遂げてしまいます。

自分の限界を知っていますし、できないことはできないと受け入れています。

そして、人に助けてもらうことに躊躇《ちゅうちょ》がありません。

私の周りでも、売れている人からは気軽にお願いのメッセージが来ます。

携帯電話にかけてくる方もいます。

「これ、手伝ってくれませんか？」

「集客ができていないので、アイデアがあれば教えて欲しい」

という内容です。

そうやって周りの力を借りながら、やりたいことを楽しく実現してしまっているのです。

一方で、一人で悪戦苦闘している起業家もたくさんいます。

成果が出ていない人は、一人でやろうとしているのです。

他人には任せられない。自分が頑張るしかない。

そんな人が少なくありません。

そういう人は、やはり売上も頭打ちで、相談する人もなく、常に不安と戦っています。

もちろん、一人でもやれてしまう人もいますが、何十年もビジネスを一人でしていて、だんだんと疲れてきてしまう人も少なくありません。いつまでたっても楽にならないのです。

「経営者は孤独だ」というのは簡単です。この言葉は昔からよく聞きました。

しかし、この言葉は**「ともすると、経営者は孤独になってしまうので気を付けよう」**という戒めではないかと今は思っています。

起業家は一人でなんでもやる人ではありません。
起業家の仕事は、実現したい理想のために、周りの力を引き寄せることです。

困った時はお互い様です。
それぞれが助け合って生きていけばいいのです。
お互いに協力しあえば、すべての起業家のビジョンを実現することができます。

でも、それがなかなか難しいという人は少なくないわけです。

なんでも自分で抱え込む3つのパターン

「一人でやらなければ」
という思い込みを多くの人は持っています。

そして、周りの人に任せることができません。
それには、大きく分けて3つのパターンがあるようです。

1つは、**「自分でやらないと能力がないと思われる」**というものです。

他人に助けを借りるということは、自分の能力がないことを認めることになるので、どうしても助けを借りられないという人です。

バカにされる、自分の価値がなくなる、と思っているわけです。

もう1つは、**「周りに迷惑をかけてしまうのが申し訳ない」**と考えてしまうことです。

仕事をお願いするのが申し訳ない、相手の時間を奪ってしまうのが申し訳ない、と考えてしまうのです。

誰も自分なんかに協力してくれないと思ってしまうわけです。

そういう人は、周りに支払う報酬が多くなりすぎる傾向があります。そんなに気を使わなくていいのに、たくさん気を使い、たくさん支払ってしまいます。

そしてもう1つは、**「他人に仕事を任せるのが不安」**という人です。

誰かに任せてしまうとクオリティが下がってしまい、自分の求める基準を守れないので任せられないわけです。

１００％のものでないと気が済まないので、仕事も広げられません。

こういう人の口癖は「自分がもう一人いたら」です。

そうやって、完璧なものを目指して、１００％の仕事を自分でやっているとすぐに限界が来てしまうわけです。


あなたは、このどれかに当てはまるでしょうか？

これから、それぞれの対処方法をご紹介していきます。

周りを動かせる人になる！

まず１つ目の、**「自分でやらないと能力がないと思われる」**と思う時の対処法です。

多くの起業家は「自立」という概念を重視しています。

「自分が社長なんだから、愚痴を言ってないで責任を持って率先して行動しよう」という姿勢です。

自立した起業家は、傷の舐め合いでただ群れている人を嫌います。

この姿勢は素晴らしいと思います。

しかし、それによって「孤独」になってしまってはよくありません。

孤独な起業家は長続きしないからです。


自立とは自分の責任で結果を出すということです。**結果についての責任をすべて自分で取るということ**です。

しかし、**結果を出すための過程まで、すべて自分がやる必要はない**のです。


例えば、「ＩＴに詳しくないので売上があがらない」と言う人がいる一方で、「ＩＴが苦手なので社員に全部任せているんです」と言う社長さんもいます。

苦手なのは同じです。

しかし、周りを巻き込んで結果を出すか出さないかは、その人次第です。


本来、価値のあるビジネスをしていれば、たくさんの人があなたを助けてくれるはずです。

そしてどんどん周りに仲間が増えていくものです。
あなたは、周りを動かせる人になればいいのです。

無能だから助けてもらうのではなく、周りを動かすほどの人間力があるから助けてもらえるのだ、と考えてみてはいかがでしょうか。

周りを動かすほどの愛嬌があるのかもしれません。
周りを動かすほどのビジョンがあるのかもしれません。
周りを動かすほど、周りに貢献しているのかもしれません。

そうやって周りを動かせる起業家ほど大きなことができます。
一人でなんでもできる人より、もっともっと大きなことができます。

あなたにお願いされることを待っている人がいる

次に、**「周りに仕事をお願いするのが申し訳ない」**という場合の対処法です。

こういう気持ちになった時は、あなたが何かを依頼された時のことをイメージして下さい。誰か親しい人にお願いごとをされたらどうでしょうか？

けっこう嬉しいのではないでしょうか。

「ちょっとこれを手伝ってほしい」

と言われたら、実は嬉しいものです。

特に「ぜひ、あなたにお願いしたい」「あなたにしかできない」と頼まれた時などは、本当に嬉しいです。認められた気分になります。

それで周りの人の役に立てたなら、さらに嬉しいのではないでしょうか。

そもそも、人間は誰かのために働くことに、とても喜びを感じられるのです。

何の得にもならないのに手伝ってくれるのは、そこに充実感があるからです。

もちろん、あまりにも負担が大きいものは無理かもしれません。また、つまらない仕事だから誰かにお願いするというのも失礼でしょう。
「自分にとっては苦手なことだけど、とても大事な仕事なので、ぜひ得意なあなたにお願いしたい」、というスタンスで任せるのがよいのではないでしょうか。

そして、その仕事によって世の中がどう変わるのかという意義が分かれば、相手のやりがいもより高まります。
自分の利益ではなく、世の中のために「助けて下さい」と言うわけです。

もちろん、最初はちょっとしたお願いからスタートするといいと思います。

「ペンを貸してくれませんか?」
「この操作をどうすればいいか分かりますか?」
「これを運ぶのを手伝ってもらえませんか?」

というちょっとしたお願いから、人は親密になっていきます。

任せられる「器」を作る

最後に、**「他人に仕事を任せるのが不安」**という人が、他人に任せるにはどうすればいいかというお話です。

大事なのは他人に１００％のクオリティを求めないということです。

そして、下がったクオリティへの評判を自分が被るという覚悟です。

スタッフや外注や協力してくれる人のクオリティは60％ぐらいでもＯＫにしなければ、他人に任せることはできません。

１００％を求めると、イライラが募るばかりです。

実際のところ60％でも、ビジネスとしてそれほど支障がないことがほとんどです。

少しぐらいのクレームはあるかもしれませんが、その時はあなたがサポートしてもいいですし、その覚悟はしておきましょう。

私もいろいろな人に仕事をお願いしましたが、思ったのとは違う対応をしてしまっている場合も多々ありました。

でも、やっていくうちに人それぞれの得意分野も分かってきて、うまい具合に分担ができるようになりました。

それに、私が思った以上のことをやってくれる場面も出てきて、全部自分で考えるより可能性が広がるなと思いました。

もちろん、クオリティは教育や仕組みによって１００％に近づけていけばいいと思います。

最初は60％でＯＫとするということです。

それぐらいの気持ちであれば、どんどん任せて、どんどんビジネスも広がっていきます。

往々にして、それで損なう利益より、得られる利益の方が大きいのです。

最初の一歩はたった一人とつながること

チーム作りは大切ですが、最初から大きなチームができるわけではありません。最初は交流会やパーティーなどであいさつをするだけかもしれません。たった一人からスタートです。

チームとか仕事か、そんなことは度外視で、一緒に遊びに行くような友達を探す感覚でつながっていくのが最初はおすすめです。

そうやって仲間を増やしに行くと、自然と仲よくなる人が出てきます。会話も弾んでウマが合って、ビジョンも共有できる人がいるものです。最初はあなたから周りの人たちに小さな貢献をしていくのもいいと思います。

また、初めての場所に行くと居心地が悪いかもしれません。でも、1回で判断せずに、何度も顔を出していくと、だんだんと知り合いが増えてきて、居心地もよくなってきます。

焦らず、じっくりとつながっていきましょう。

最初の一人とチームを組んだ時、ビジネスの加速の速さにあなたは驚くかもしれません。

4-3 ビジネス効率を高めるために最初にこれをする

成功している人は極限まで効率化している

ある日のこと、私は有名な講師の先生との打ち合わせのためにオフィスに伺いました。
すると、先生は私の前に別の人と打ち合わせをしていたため、入り口のソファーで時間まで少し待つことになりました。

「お待たせしました」

と声を掛けられて部屋に入り、30分の打ち合わせをしました。

話を終えて入り口に戻ってみると、なんともう次の打ち合わせのお客様が来ていました。

後で聞いてみると、お忙しい先生なので、**打ち合わせはぶっ続けで、まとめて４人も５人も一度にしている**のです。

それぐらい効率的に働くことで、時間をやりくりしているわけです。

「そうか！　売れている人はここまで効率化しているのか！」と感動した覚えがあります。

成功している人は、あらゆることを効率的に進めています。

- **たくさんの店舗を展開して売上をあげている。**
- **社員が勝手に働いてくれている。**
- **１回の情報発信で数百万円を売り上げる。**
- **ほったらかしで商品が売れる。**
- **１つのコンテンツを何度も使い回している。**
- **たくさんのお客様を一度に相手にしている。**
- **お客様や取引先がわざわざ自分から来てくれる。**

これは多くの人が憧れる状況ではないでしょうか。

「もっと効率的に稼ぎたい！」と多くの人が考えていると思います。

しかし、ここでお伝えしたいのは「効率化しよう」ということではありません。

ここで言いたいのは逆です。


「最初は効率を求めない方がいい」

ということです。

これが、この項のテーマです。

最初から効率を求めてはいけない理由

効率のよい経営を目指すのは素晴らしいことです。

生産性を上げることは経営者の責務ですので。

しかし、最初から効率を求めることはおすすめしません。


例えば、楽器の練習を例にすると分かりやすいかもしれません。

私は趣味でクラリネットを習っていますが、新しい曲を練習する時には、まずテンポを落としてゆっくりと練習します。

当然のことですが、最初から速いテンポで練習していると、指がぜんぜん追いつかないからです。**最初から速いスピードでは何度やってもうまくならないのです。**


ダンスの練習もそうです。

最初は1つひとつの動きを確認しながら、ゆっくりと練習していきます。

ひと通り踊れるようになったら、だんだんとスピードを上げていくわけです。


もちろん、これはビジネスでも同じです。

1つずつの仕事を丁寧にやっていき、ひと通りの仕事に慣れてから、最後にスピードを上げるのが最もスムーズです。


最初から効率を求めてスピードを出しても、サービスの品質は低いし、仕事の流れは

場当たり的だし、お客様にも満足してもらえません。

リピーターは来ないし、クレームも増えて、余計に手間がかかって、結局は非効率になってしまいます。

ですので、最初のうちは効率は忘れて、丁寧にその仕事に取り組むことが必要です。

実は、効率を考えるのは一番最後なのです。

効果が出るまでは効率度外視で！

私も、今では打ち合わせはなるべくまとめてやるようになりましたし、ネットで済ませることも増えてきました。

しかし、最初はそうはいきません。

時間がかかっても自分が出かけて、取引先やお客様の指定する場所まで行っていました。

対面してお話しすることで、相手の表情や口調も分かりますので、押さえておくべき重要なポイントがしっかりと理解できます。

また、今はセミナーをやる時、準備をする必要はあまりありません。スライドも作らずに、ホワイトボードを使って、その場で対応することもできます。しかし、最初はどうしたかというと、スライドは当然、話す内容もすべて文章にしていました。**話すことを一字一句書いていて、冗談を言う場所も同じでした。**

2時間のセミナーでも、準備に1ヵ月も2ヵ月もかけていました。

それをしていたおかげで、セミナーのコツが分かって来て、今では準備がほとんどいらなくなったわけです。

そして販売の際にも、今では広告を使ってセミナーに数百人も集客することができています。しかし、そのためには広告のキャッチコピーを何度も何度も練って、**反応がいい広告文になるように何年も試行錯誤しました。**

最初に丁寧に1つずつやるからこそ、後から効率化ができるのです。

・たくさんの店舗を展開したいなら、最初は1つの店舗で売上があがるように研究し、オペレーションを磨く。
・社員が勝手に働いてくれるようになるには、じっくりと社員とコミュニケーションを取り、時間をかけて信頼関係を築く。
・1通の情報発信で数百万円を売り上げたいなら、丁寧に配信をしていって、ファンを増やす。
・ほったらかしで商品を売りたいなら、ほったらかしで売れるようなクオリティのWEBサイトや、チラシを丁寧に作る。
・1つのコンテンツを使い回ししたいなら、いくつもコンテンツを作ってみて、その中でいいものを抽出していく。
・たくさんのお客様を一度に相手にしたいなら、最初は一人ずつ丁寧に対応していき、お客様の対応のツボを見極める。
・お客様や取引先がわざわざ自分から来てくれるようになるには、最初は自分から客先に出向いていき、実績を作っていく。

このように、最初は採算度外視、効率度外視で丁寧に仕事をやり遂げるからこそ、最終的に効率的に仕事を行うことができるのです。

効率に必要な「あるもの」とは？

効率化するためには、単に仕事のスピードを速くすればいいというものではありません。

その仕事のプロセスの中で、重要なポイントが分かっていなければなりません。

それはまさに**ビジネスの「ツボ」**とも言うべきところです。

効率化できている人は、このツボをしっかりと押さえています。

それ以外のところは手を抜いても、ツボを押さえているから、お客様には喜ばれるし、クオリティも高いままスピードを上げられるのです。

９割の部分は社員や外注先に任せたとしても、重要なポイントをしっかりと押さえておくことができれば、クオリティを保ったままビジネスを拡大することができます。

自分はそのチェックの部分だけをやればいいわけです。

- **商品のどのポイントがキモなのかを押さえている。**
- **お客様が接客のどこで満足するのかを押さえている。**
- **スピーチで相手の心を動かすツボを押さえている。**
- **チラシのどの部分に力を入れるべきかを押さえている。**
- **何が決まればこの打ち合わせが終わりなのかを押さえている。**

このようにそれぞれの仕事のツボを押さえているからこそ、安心して効率化することができるわけです。

ビジネスがうまくいっている人は、ツボの部分に時間と労力を使って、**それ以外のところはいい意味で力を抜いています。**メリハリをつけているのです。

もちろん、最初からツボが分かるわけではありませんので、経験者に教わることも重要です。闇雲に自己流で行うのではなく、しっかりと経験者に習うということです。

どう見ても自分の3倍も10倍ものスピードで仕事をこなしている人はいるものです。

そういう人から学ぶべきなのは、「どこに力を入れて、どこで力を抜いているか」ということです。

ただやり方を学ぶだけでなく、一連の仕事のメリハリのつけ方も教わってみましょう。

量は必ず質に転化される

ただし、どうしても習っただけでは分からないこともあります。

例えば、私はクラリネットを36歳から始めたのですが、何年もやっているとさすがにだんだんと上手く吹けるようになってきました。（※個人の感想です　笑）

以前よりはいい音が出せるようになってきて、少しずつ難しい曲も吹けるようになりました。

プロや長年やっている人と比べるともちろんヘタクソですが、それでも、自分としては「あっ、うまく吹けるようになった」と思う場面が増えてきました。

また、書籍の執筆スピードが、どんどん速くなってきました。

1冊目は2年かかりました。

2冊目は10ヵ月です。

そして、3冊目は5ヵ月ほどで書けました。

他にもセミナーの準備時間も短くなりましたし、コンサルティングのセッション時間も、15分ぐらいで相談に対する対応ができます。

なぜかというと、どれも、**「続けてきたから」**というのが私なりの理由です。

いろいろ細かな改善はしていると思いますが、**「続けてたらいつの間にか慣れてきた」**という説明が最もしっくりきます。

「何かいい方法はないのか！」

と、必死にもがく感じではなく、ただただ続けていただけです。

そうするとたまに、「あれっ？」と上達を感じたり、ちょっとしたコツを見つけたりします。

ですので、今は何か新しいことにチャレンジする時には、

「ずっとやっていたら上手くなるだろう」

というイメージを持って始めています。


「量が質に転化する」という言葉がありますが、まさにそれです。

数をこなすと見えてくるものがあるのです。


つまり、**最初から言語化して伝えられないノウハウや感覚があるということなのです。**

ビジネスにおけるノウハウというものは、教えられてすぐに理解できるものばかりではありません。

やはり、実際に自分で経験して丁寧にやってみないと理解できないこともあるものです。


しかし、「必ず量が質に転化する」というイメージがあると、どんなに効率が悪くても、ヘタクソな時期があっても凹むことがありません。

最初は誰でも何でも非効率でヘタクソなところからスタートです。


その時その時で、自分にダメ出しする必要はありません。

どうせ、そのうち上手くなるし効率もよくなりますので、今はそれでOKです。

必ず最後には効率がよくなりますので、最初はしっかりとクオリティを高めることに専念してもまったく問題ありません。

第5章

ビジネスを通じて幸せを手に入れる

5-1 理想のライフスタイルを実現するには

要注意！　起業したのにビジネスが嫌になる!?

「こんなに忙しくなるんだったら起業するんじゃなかった」
「こんなに気を使うなら、サラリーマンの方がましだ」
「こんなに心が休まらないなら、他の仕事にすればよかった」
「社員の給料のために働いている気がする」

などと、嘆いている人たちはけっこう多いです。
せっかく起業したのに、ビジネスが途中で嫌になってしまうのです。
一方で、いつも楽しそうに仕事をしている人もたくさんいます。

・とてもゆったりしていて、楽器やコーラスなど趣味に勤《いそ》しんでいる人。
・日本中を駆け回って充実している人。
・大企業と取引をしてイキイキとしている人。

やりたいことをやって、本当に自由で楽しそうです。

では、この差はなんなのでしょうか？

ビジネスが嫌になる人の多くは、ただ「稼げそう」だとか、「流行っているから」という理由だけでそのビジネスを始めてしまいます。

一方で、**楽しそうに仕事に打ち込んでいる人は、「稼げるかどうか」だけでは判断しません。**

もっと大事なことを考慮に入れてビジネスをスタートします。

それは、ひと言でいえば、「理想のライフスタイル」です。

「理想のライフスタイル」がビジネスのエネルギーになる！

さて、ここでの重要な問いかけは、

「あなたは、ご自身の理想のライフスタイルを明確にしていますか？」

です。

これが明確になっていなければ、何が幸せかわかりませんし、ビジネスでどこを目指せばいいかもブレてしまいます。

そもそも、ビジネスを行う目的は、「自分自身が望む人生」を手に入れるためのはずです。

ですので、「望む人生がなんなのか？」が決まっていないと、本来、どんなビジネスを始めるのかが明確にならないのです。

・毎日のようにいろんな場所を飛び回るような生活がいいのか？
それとも、なるべく移動せず自宅に長くいたいのか？
・たくさんの人に囲まれるような環境がいいのか？
少数の人とじっくり関わりたいのか？
・人前に出てパフォーマンスをしたいのか？
裏方でサポートをしたいのか？

そんなことを考えておく必要があります。

もし、考えていなければ、

・人との交流が苦手なのに、大人数を相手にするビジネスを始めてしまって苦しくなる。
・ゆったり過ごしたいのに、常に外出しなければならない。
・逆に、人と関わるのが好きなのに、パソコンに向かった作業ばかりしてしまう。

ということにもなりかねません。

これは当たり前のことのように思うかもしれませんが、起業当時は「売上を作ることに必死で考える暇がなかった」という人も多いのです。

「自由なライフスタイル」から始めよう

私の知り合いの中には、「**2週間働いて1週間休む**」というサイクルで仕事をしている人がいます。

また、仕事を休んで子供も学校を休学させて、**1年間家族で世界旅行**していた人もいました。

その話を聞いた時にはビックリしましたが、自分の中の常識がいい意味で壊されました。

自分の人生なのだから自由に設計すればよいのだ、ということが腑に落ちました。

他にも、サラリーマン時代には考えもしなかったようなライフスタイルを送っている起業家の方々はたくさんいらっしゃいます。

- **毎月、海外旅行に行っている人。**
- **1日1時間しか働かない人。**
- **商品の販売が年に1回だけの人。**
- **社員に業務を任せて、育児に専念している人。**

こんな風に自由を楽しんでいる人もいれば、一方で、

- **365日休みを取らず、バリバリと活躍している人。**
- **寝不足でも依頼をすべてこなしている人。**
- **年に何冊も本を出している人。**
- **非営利事業にエネルギーを割いている人。**

などもいらっしゃいます。

どんなライフスタイルも、本人が望むように組み立てればいいわけです。

自分のビジネスですからどんな働き方でも自由です。

私の場合も、自分の趣味や家族との時間など、ライフスタイルを考えてビジネスモデルを構築していきました。

子どもが小学生のころは、参観や運動会などは、きちんと参加していましたし、昼間からコンサートに行ったり、クラリネットを習いに行ったり、好きなことをすることができています。

デスクのすぐ近くにクラリネットを立てているので、気分転換にすぐに練習できます。

ランニングをしたり、ジムに通うこともコンスタントにできています。

ランニングは朝が多いですが、昼間に走ることもあります。ジムには夕方の4時か5時あたりに行くことが多いのですが、その時間はとても空いていて使いやすいです。

行きたくなったら海外旅行にも行けます。

海外でも仕事ができますし、旅行に行けないほど忙しくしていないからです。

基本的には自宅で仕事をしていますので、通勤時間もありません。

もし会社勤めを続けていたら、プライベートなことは終業後しかできませんので、趣味も運動もなかなか続けられなかったかもしれません。

自由に時間を使えるというのが、起業家の醍醐味だと思います。

ビジネスモデルを考える前に、まず、あなた自身の「理想のライフスタイル」を自由に描いてみて下さい。

あなたは「職業のイメージ」に引っ張られていないか？

さて、多くの人は職業によって働き方のイメージを固定して持っています。

今はかなり減りましたが、例えば、**「コンサルタントは月額で顧問契約をするもの」**という信念などもそうです。

しかし、そんな決まりはありません。

私も職業のジャンルで言えばコンサルタントですが、顧問契約でしている仕事はありません。

一度やってみたのですが、あまり自分のやりたい働き方ではないのでやめました。

私のビジネスモデルでは、「連続講座」や「動画教材の販売」が中心です。

他にも、「出版」と「講演」が中心のコンサルタントもいますし、「ベンチャー投資」を中心にされている方もいらっしゃいます。

また、**「医師」**という仕事がありますが、一概に医師と言ってもさまざまな働き方があります。

手先が器用で**「手術」**が得意なお医者さんもいます。

「研究」が得意で論文をたくさん書くお医者さんもいます。

「離島の人々の健康を守るために日々診察」を行っているお医者さんもいます。

同じ職業だからといって、働き方自体が同じになるわけではないわけです。

「サッカー選手」でもそうです。

普通なら引退する年齢でもまだ現役で活躍している選手もいます。

監督を目指して人のマネジメントを勉強している選手もいます。

オーナーやゼネラルマネージャーなどを目指してビジネスを勉強する選手もいます。

それぞれがそれぞれの関わり方でその業界に貢献すればいいわけであって、職業がビジネスモデルを規定するわけではないということです。


つまり大事なことは、ビジネスに自分を合わせることではないということです。

逆に、**「理想のライフスタイル」に「ビジネス」を合わせる**のです。

あなたも、その職業の新しい働き方を提案すればいいのではないでしょうか？


昔は、ビジネスに自分を合わせることしかできなかったこともあったかもしれません。

しかし、これだけテクノロジーが発展した時代においては、どんどんビジネスの自由度が上がっています。

ライフスタイルに合わせたビジネスモデルを構築することは、それほど難しくない時代なのです。

ライフプラン＝変化するライフスタイル

そして、**直近のライフスタイルだけでなく、長期のライフプランを描いておくこともおすすめします。**

私もざっくりとですが、「70歳ぐらいで死ぬ場合」と「100歳ぐらいまで長生きする場合」の両方でライフプランを考えています。

90歳になって今ぐらいバリバリ働いてはいないでしょうし、旅行もそれほど行ってないだろうな、ということが想像できますので、その頃にどういうライフスタイルでいたいのかも分かります。

自分や家族のライフステージによってライフスタイルも変わりますし、それに沿って働き方も変わります。

子育てや介護などの時期も決まりますので、長期的にどのように働き方を変えていけばいいのかがよく分かります。

先述した1年間家族旅行に行っていた人は、あのタイミングで行っていなければ、お子さんが大きくなってしまって、家族で長期の旅行に行くことはできなかったかもしれません。

逆算していくと、**「あと5年はこの仕事をしよう」「次の10年はここに移り住もう」**という風に、ライフスタイルの変化が決まり、ビジネスモデルをどのように乗り換えるのかもだいたい決まってきます。

そして、そのプランがあるから、安心して目の前の仕事に取り組めるのです。

まずは、やりたくないことを明確にする！

さて、「いきなり理想のライフスタイルと言われても難しい」という方の場合は、まずはやりたくないことを明確にしていけばいいのではないでしょうか。

私の場合も、最初はそんな動機からスタートしました。

・通勤はしたくない。
・営業はしたくない。
・社員を雇いたくない。
・冗談の言えない仕事はしたくない。
・命に関わる仕事はしたくない。
・持ち帰る宿題がある仕事はしたくない。
・お客様に呼び出されたくない。
・わざわざ客先に訪問したくない。

そんな風に、やりたくないことを挙げていくと、だんだんとどのようなライフスタイルを送りたいのかが見えてくると思います。

最後はセルフイメージにビジネスを合わせる

私の場合、最終的にやりたいのは、カッコつけた表現で言えば**「作品を残す」**ということです。

それがビジネスの中でできれば最高です。

そういうわけで、本を執筆したり、動画教材を作ったりしているわけです。

しかし、同時にセミナーや連続講座なども行っています。

実は、最初は「自分は連続講座をしたいわけじゃない。でも、するべきだろうか？」と、迷ったことがあります。売上を考えるとやった方が良いのですが、**「自分の仕事ではないのでは？」**と思ったのです。

そんな時、Ｐ・Ｆ・ドラッカーの本を読んで、この迷いがすぐに払拭されました。

彼が生涯を通じて行っていたのは、社会を観察して論文や本にまとめることです。ですが、ビジネスとしては、記者、コンサルタント、大学の先生をされていました。

これらは、「生きる糧《かて》を得るための手段だった」と書かれてありました。

ただし、どの職業においても、最終目的はあくまでも「論文や本の執筆」でした。

これを読んで、私も「**セミナーや連続講座を行うプロセスを通じて、最終的に作品を生み出せればいいのだ**」と、腑に落ちました。

セミナーを通じていろんな人の悩みを収集し、分析し、解決策を体系化して、それを本や教材にまとめればいいのだと納得できたのです。

ビジネスをそういう位置づけで考えられるようになって、ようやくセミナーや連続講座をやり遂げるエネルギーが湧いてきました。

このように、「**自分は何者か？**」**という深い問いと、現実のビジネスモデルがしっくり来た時に、あなたのビジネスは大成功することでしょう。**

5-2 売上よりも、もっと大切なもの

起業の恐ろしいパラドックス

起業には1つのパラドックスがあります。

それは、

「儲かりそうだから」という動機で始めたビジネスは儲からない。

というものです。

なぜなら、どんなビジネスも最初は儲からないものだからです。

作った商品が売れない、チラシを撒いても反応がない、友達に体験してもらってもいい感想がもらえない、というところからのスタートです。

資金が少しずつ出ていきますし、周りから「うまくいくはずがない」と言われることもあるでしょう。

「儲かりそうだから」とビジネスを始めたとしたら、こういう状況になった時、バカバカしくてやってられない気持ちになります。

「どうしてこんなに損しなければならないのか！」
「面倒なことが多すぎる！　寝る時間がない！」
「やってられない！」

と、やる気が失せてしまいます。

そして、道半ばであきらめてしまうわけです。

「儲かる」と思って始めると、儲からない最初の時期を乗り越えることができない、だから儲かるまでビジネスを育てられない、というパラドックスに陥ってしまうのです。

シンプルな行動で「儲かるビジネス」が完成する

ビジネスはシンプルです。
シンプルな行動を続けるだけで、成功することができます。

その行動とは、「テストし続ける」ということです。
やってみて、お客様の反応を見て、変えていく。
その連続です。

AとBをやってみて反応のいい方を残し、次にそれとCを比べて反応のいい方を残す。これを続けていれば、必ず確率が高まっていき、採算ラインをそのうち超えることができます。
行動してフィードバックをもらい改善し続ければ、そのうち必ずうまくいくというのがビジネスのシンプルなところです。

また、続ければ続けるほどノウハウも溜まってきます、人脈も増えていきます、実績も増えて評判も高まっていきます。

宝くじはいくら買っても確率はさほど高まりませんが、ビジネスは試行錯誤すればするほど成功確率がどんどん高まっていきます。

ビジネスの原理原則というのは、本当にシンプルなのです。

このように言葉で書くと非常に簡単そうなのですが、現実はそうではありません。一番のネックは自分自身です。もっと正確に言えば、自分自身の感情の問題です。

続けられれば成功するのですが、続けられないのです。

理屈では分かっていても、「もうダメなんじゃないか」「ニーズが全然ない」「自分には経営の才能がない」と落ち込んで、そこであきらめてしまうわけです。

特に「儲かりそうだから」と思って始めたビジネスでは、すぐに嫌になるわけです。

儲からなくてもやりたい理由はなにか？

では、起業当初の儲からない時期を乗り越えるためには、どうすればよいのでしょうか？

それは、当然のことながら、**「本当にやりたいことをやること」**です。

極端に言えば、「儲からなくてもやりたい」「自分がお金を出してでもやりたい」と思えることであれば、どんなに儲からなくても楽しくて続けられます。

・美味しい食事を味わってもらいたい。
・職場の人間関係で悩んでいる人たちを救いたい。
・作業を効率化して無駄をなくしてあげたい。
・子育て支援がしたい。
・若者に夢を届けたい。
・自分が病気から快復したから、その方法を伝えたい。
・世界から飢餓をなくしたい。

など、想いが強ければ強いほどいいわけです。

私の場合は、できる限り多くの人に、自分が教わったことを伝えたいという想いがあります。

それは、自分が学ぶことで人生が変わったからです。

「こんなに人間は変わることができるのか！」と衝撃的な感銘を受けました。

たった2日間のセミナーを受けただけなのに、考え方が変わると行動が変わり、うまくいかなかった会社の新規事業がどんどんうまくいき、社内表彰されるまでになったのです。

「これは多くの人に伝えなければ」と思って試行錯誤しているうちに、今の仕事にたどり着きました。

考えてみれば、学生時代は塾講師や家庭教師という仕事をしていましたし、会社員時代もインターンシップや新入社員を受け入れる役を買って出ていました。人の成長にかかわることは、昔から好きだったのです。

今でも、飲み会に行くと、いつの間にか誰かの相談に乗っているということは少なくありません。別にお金をもらっているわけではありませんが、相談されればどんどん答えます。相手が元気になっていくのを見るのは楽しいし面白いし、それだけで満足なのです。

もちろん、最初は人前で話すのは緊張しましたし、的外れなアドバイスもたくさんしていました。押しつけがましい言い方で、ムッとされたことも多々あります。

しかし、やっていれば徐々にうまくなってきます。ノウハウも溜まってきて、いろんな人に対応することができるようになってきます。

本当にやりたいことであれば続けることができて、人に役立つレベルに誰でも到達できます。

周りのうまくいっている経営者も、その仕事をやりたくてやっている人ばかりです。

ただそれが好きで、続けているだけなのです。

情熱は育てるもの

こういう話をすると、「自分にはそんなに情熱を注げるものがない」という人もたくさんいらっしゃいます。確かにそうだと思います。

多くの人は、自分が何をやりたいのか明確ではありません。なんとなく分かっていても、それがちゃんと言葉になっているかというと、そうでもありません。

でも、心配は要りません。

情熱は作るものだからです。

夢や目標を生まれつき持っている人なんていません。

そして、最初からそこに情熱をものすごく持っていたという人もいないのです。

情熱というのは、やりながら高まっていくものですし、もっと言うと、情熱は自分自身で意図して作っていくものなのです。

ものすごい情熱のある起業家でも、最初からそうだったわけではありません。

それほど強い想いはなく始めた人も少なくありません。しかし、だんだんとそのビジネスの意義を感じるようになっていっただけなのです。

まず手始めに、その気持ちを言語化してみて下さい。なぜ、それをやり始めたのか、書いていくことで想いが明確になります。

- **最初にそれを始めたきっかけは？**
- **どんな人間になりたかったのか？**
- **人生を変えるには？**
- **それをやるメリットは何か？**
- **どんなお客様が今困っているのか？**
- **これを解決しないとどうなるのか？**
- **自分はどんな貢献ができるのか？**

こういった質問に1つずつ答えていくことで、やりたい気持ちが高まっていきます。

そして、可能であれば、実際に自分がどれだけ誰かの役に立っているかを確認しに行くことも効果的です。お客様にインタビューしに行くのもいいでしょう。

友人の一人はあるNPOを立ち上げ、社会貢献活動を精力的に行っています。しかし最初は、その活動を本当にやりたいのかどうか、半信半疑だったそうです。

そのため、最初は同じような活動をしているNPOのイベントに参加して、実際に活動してみたそうです。そして、それが、自分が本当にやりたいことだと確信が持てたので、ご自身でも活動を始めたそうです。

そうやって、気持ちを確認していくと、本当にやりたいことがどんどん見えてきます。

そして、その想いを忘れないようにすることが大切です。

例えば、言葉にして貼っておくのもいいでしょう。
人間は環境に大きく左右されます。売上がさがれば、それに左右されます。
ですので、**想いを保ちたいのであれば、想いが保てる環境を作ればいいのです。**

利益は目的ではなく必要条件

さて、儲けるために起業するのではないというお話をしていますが、もちろん、「儲からなくてもいい」と開き直っていいわけではありません。
しっかり儲かって利益が出なければ、あなたの資金もどんどん減っていきますし、取引先や関係者に迷惑をかけることになるかもしれません。

そして、ビジネスを続けることができなくなれば、待っているお客様に貢献できなくなります。あなたのサービスが受けられなくて困る人もいるでしょう。

利益というのは目的ではありませんが、ビジネスを継続するための「必要条件」ではあるわけです。

もっと砕けた表現で言えば、「儲けるのは目的ではないけれど、儲けるのは当然」ということです。

儲けるためにやっても続きませんが、逆に「儲けてはいけない」と思っても続かないわけです。

あなたが儲ける必要もありますし、お客様にも価格以上の価値を感じて得したと思ってもらう必要があります。それに、スタッフや取引先にも経済的・精神的な報酬が十分支払われている必要があります。

持続可能なビジネスというのは、関係者すべてが満たされる状態を提供する必要があります。誰かが無理をしていては、そのビジネスは続きません。

すべての人が得をするという状態を作れば、みんながそのビジネスを愛してくれます。そして、価値を与え合う貢献のサイクルが回り続けるのです。

ですので、儲けるのはあなたのためではありません。
社会全体のために儲ける必要があるのです。

あなたのビジネスを待ち望んでいる人がいる

起業家の仕事は、「儲かりそうなビジネスをやる」のではなく、「どうしてもやりたいことを儲かるビジネスに仕立ててあげること」です。

あなたが作り上げるビジネスを待ち望んでいる人が必ずいます。

その人のためにも、あなたの情熱をビジネスとして形にしてあげて下さい。

そのビジネスはずっと継続するかもしれません。
たくさんの人がそれによって恩恵を受けるでしょう。
あなたが居なくなっても、そのビジネスモデルは引き継がれていくかもしれません。

それに、好きなことを儲かるビジネスにできれば、あなた自身がずっと幸せを感じることができます。

そのビジネスが立ち上がるまでやり遂げる情熱を持っているのは、あなたしかいません。

あなたがやらなければ、そのビジネスは生み出せないのです。

まだ形になっていない情熱を、少しずつ育てていってください。

きっといつの日か、「これがやりたかったんだ！」というビジネスの形を、あなたが体現しているはずです。

5-3 何が起こっても動じないメンタルを手に入れる

あなたは起業をあきらめますか？

冒頭からいきなり質問です。

「あなたはどんな時に、今のビジネスをあきらめますか？」

こういう質問をすると、多くの人の答えは、

「いやいや、あきらめませんよ」
「必ず起業を成功させます」
「絶対に軌道に乗せます」

と言うものです。

しかし、現実はそう簡単ではありません。

それだけ熱く意気込みを語っている人が、

「やっぱりやめました。他にいいビジネスはありませんか？」

「あのイベントは中止にしました」

「家族の関係で、できなくなりました」

と言って、途中であきらめてしまうことは少なくないのです。


これは途中で気が変わったわけではありません。

最初から「こういう時にはあきらめる」と決めていたのです。


「ええっ⁉　そんなことはないのでは？」

と思うかもしれません。


しかし、そうなのです。

ご自身では気付いていなかったのかもしれませんが、潜在意識の中では、「あきらめる」と決めていたのです。

これはいったいどういうことでしょうか？

あきらめるところを確認してみる

例えば、旦那さんや奥さんが**「もうやめて下さい。これ以上やるなら離婚します」**と言ったら、あなたならどうするでしょう？　もしくは、恋人が「別れる」と言ったら？

このような極端なケースを、クライアントの皆さんに考えてもらうことがあります。何度説得しても理解してもらえず、ビジネスを取るかパートナーを取るか二者択一の状況だと仮定してもらいます。

「そんな極端な場面を考えなくていいのでは？」という人もいるのですが、**選択を迫られるような極端な設定なので、深く自分のことを考えることができます。**

実際に考えてもらうと、「反対されてもやる」と答える人もいれば、「それならやめる」という人もいます。

傾向としては、「一旦はやめる」と答える人のほうが多いです。

この時、「やめる」と答えている自分を直視して、驚いてしまう人も少なくありません。


「自分はあきらめないと思っていたけど、こんな場合にはやめてしまうのか……」

と、気付くわけです。

まさにこれが、あらかじめ「あきらめるところを決めている」ということです。

しかし、ショックを受ける必要はありません。

これは、別に悪いことではないからです。

思考実験をしてみることで、自分自身のことをよく知ることができたというだけのことです。

あきらめるところを確認するということは、起こりうるトラブルや困難を想定しておくことに他なりません。

これは、いわばリスクマネジメントです。

- **高熱を出した時。**
- **大ケガをした時。**
- **大金を失った時。**
- **迷惑をかけた時。**
- **ネットで中傷された時。**
- **家族に反対された時。**

など、困難なケースをどんどん挙げていってみてください。

実際に書き出して想像してみると、自分があきらめそうな場面が明らかになってきます。

客観的になれただけで、成功したも同然

さて、困難な場面と言っても、言葉にしてみると多くの場合は大したことがないことに気付きます。

例えば、**「セールスして3人に断られた時」**というケースを考えてみて下さい。

これは、言葉にしてみるとそれほど大したことではありません。ビジネスの世界ではよくあることだと思います。

しかし、起業して間もないころの私であれば、あきらめてしまうところです。当時の私にとってはものすごく困難な場面ですし、ショックで打ちひしがれてしまっていると思います。

あなたの場合はいかがでしょうか？

３人に断られた時、あきらめてしまうことはないでしょうか？

この質問をクライアントの方々にしてみると、「ああ、確かに、もし何も心の準備をしていなかったら、たぶんあきらめていたと思います」というような答えを多くいただきます。

そうなのです。言葉にすると大したことのない状況であっても、実際に直面するとあきらめてしまうことも多いものなのです。

しかし、もう大丈夫です。

言葉にした時点で、その状況を自分で客観的に見ることができています。

すると事前にそういうケースを想定できますし、心の準備もできます。

小さな困難は、こんな風にあらかじめ書き出すだけで困難でなくなるのです。

とても簡単にできるわりに効果は絶大です。

ただ書き出すだけで、あきらめる場面をどんどん減らすことができます。

たったこれだけで「あきらめない自分」になれる

さて、もうすこし困難で、普通であればあきらめてしまいそうな場合はどうでしょうか？

その場合は書き出すだけでは足りません。**事前に対応策まで考えておく必要があります。**

その状況にどう対処するかが決まっていれば、その困難を切り抜けることができます。

例えば、先述した以下のような場面を考えてみます。

- **高熱を出した時。**
- **大ケガをした時。**
- **大金を失った時。**
- **迷惑をかけた時。**

・ネットで中傷された時。
・家族に反対された時。

まず、**「高熱」**を出してしまったり、**「大けが」**をした場合を考えてみましょう。

事前に想定していなければ、その時のすべての仕事をキャンセルして、大事な商談もフイにしてしまうかもしれません。

しかし、あらかじめ対応策を決めておけばどうでしょうか。

例えば、最低限の仕事は自分で行い、後は誰かにお願いするようにあらかじめ依頼しておくことができるかもしれません。そのために、日ごろから人間関係を構築しておき、お互いに助け合えるようにしておくこともできるかもしれません。

無傷ではないにしても完全にあきらめることがなくなります。目標の50％か30％しか達成できないかもしれませんが、ゼロではなくなります。

次に、**「大金を失った時」**は、それに備えて生活費を削減する算段を事前にしておいたり、お金を融通してくれる人との関係を構築しておけば安心かもしれません。一時的に落ち込んでも、そこから復活すればいいわけです。

「ネットで中傷されること」も織り込み済みであれば、そこまで傷つくこともありません。

「家族というのは、普通は反対するもの」と思っていたら、続けられるかもしれません。最初は反対されても、数年後に認めてもらおうと考えて努力すればいいわけです。

つまり、**困難が起こった時の「心の準備」と「物理的な準備」の両方をしておくことで、あきらめずに続ける確率を高められるわけです。**

あきらめてもいい場面もある

さて、そうは言っても、一旦撤退する場面もあると思います。

先述した、配偶者が別れると言い出した場合や、子どもが病気になった場合などです。

こういったケースでビジネスをあきらめる場合、それはその人が負けたことになるのでしょうか？

その人の意思が弱いということになるのでしょうか？

実はそうではありません。

意思が弱いのではなく、「ビジネスよりも大切にしていることがある」というだけのことなのです。

家族や健康など、ビジネスより大切なものは当然あります。

価値観は人それぞれです。

ビジネスより大事なものがあれば、それを優先するのは当然です。恥じることはありません。

あらかじめ価値観を明確にしておけば、起こりうるさまざまな選択の場面で迷うことがありません。悩まずに決断できます。

たとえビジネスから撤退する選択をしたとしても、その自分を責めずにすみます。

「価値観に従って、自分の意志で決断した」と思えるからです。

自分の歩みたい人生が明確になる

これらのことを考えておくことは、ビジネスを成功させるためだけではありません。価値観を明確にするということは、人生において何を大切にしているかが明確になっていくということです。

ビジネスの場面だけでなく、人生のあらゆる場面において、自分自身がどう生きたいのかがクリアになっていきます。

大きな選択の場面だけでなく、日常業務でのあらゆる意思決定のスピードが速まりますので、ご自身の価値観を明確にすることをおすすめします。

人は逆境におかれた時に、その真価が問われます。

「どんな大きな困難に遭遇しても、あきらめずに果敢に挑戦している自分でいる」
「どんなに苦しい状況に陥っても、他人に優しくいられる自分でいる」
「どんなに大変なことがあっても、笑顔を忘れず、よい側面に目を向ける自分でいる」

多くの人はそのような自分でありたいと考えています。

最悪のケースを描けば描くほど、理想の自分の姿が見えてきます。

ものすごく最悪のケースで、あえてどういう自分でありたいのかを考えることで、本当になりたい自分が明らかになってくるのです。

そして、普段からそういう自分であることを意識すると、結果も伴ってきます。

人生をかけてやることが見つかったら

また、家族や健康のためにはあきらめることもあるというお話をしましたが、一方で、**「自分の命を懸けてもやり遂げる」**という人もいます。

いくら馬鹿にされ中傷されても、業界から仲間外れにされても、家族に猛反対されても、一人でものすごい借金を背負っても、命を狙われたとしても、やり続ける人もいます。

それは、「その仕事にそれだけの価値がある」と思っているからです。

そんな風に、**「何が起こってもやり続ける！」**と思えることが見つかったら、それだけで幸せな人生と言えるのではないでしょうか？

真の幸せとは、目標を達成することではなく、そこまでのプロセスを楽しむことにあるわけですから。

おわりに

「これだったら安心してチャレンジできそう」

と、読み終わって感じていただけていれば嬉しいです。

起業というのは、事前にルートが分かっていない、乗り継ぎで行く旅のようなものと言えばイメージしやすいかもしれません。

見えない未来を夢見て、通帳のお金をかき集めて、行けるところまでいこうと歩き出します。見つけたバスに乗り、終点まで来たら、次の乗り物を探します。

途中、本当に目的地にたどり着くのかと不安になることもあるし、乗り物が見つからなかったらどうしようと思うこともあります。

最初からどこでどう乗り継げるかは分かりません。でも、これで行こうと信じて進んでいけば、必ず次につながっています。

そして、必ず道は目的地まで続いていて、いつかはたどり着くものなのです。

たどり着いたところから振り返ると、自分が進んできた道ができています。

それが、あなたが作った道です。

その時あなたは「こんな道のりをよく来たものだ」と、自分を誇りに思うことでしょう。


その道は人ぞれぞれです。

誰一人として同じ道を辿ることはありません。

起業という旅を安全に進んでいく心得はあっても、あらかじめ成功のルートが載っている地図はどこにも売っていません。

そして、その目的地も、誰一人として同じ場所はありません。

あなたは、あなただけの目的地に向かって進んで行くのです。


人生は一度きりです。

まずは、行けるところまでいきましょう！

２０１９年12月

今井　孝

【著者紹介】

今井　孝（いまい・たかし）

株式会社キャリッジウェイ・コンサルティング
代表取締役

1973年大阪生まれ。大阪大学大学院卒業。

大手IT企業でいくつもの新規事業開発を手がけ、初年度年商が数億円を超える事業で社内アワードを受賞。その実績をもとに意気揚々と独立したものの、いきなり挫折。その後、10年連続300人以上が参加するセミナーを主催。トータルでは6,000人以上に。

集客できるようになった一方で、毎回結果を出すことに囚われるようになり、「やらなければ……」という苦しさを味わい、その結果、数多くの経営者から学びを得て“過程を楽しむ”という本質に到達。売上に執着し過ぎることを消し去って「誰かのために貢献し続けたい」と思い、そこでビジネスを心から楽しめるようになる。

それらの経験を踏まえたマーケティングとマインドに関するさまざまな教材が累計3,000本以上購入されるなど、3万人以上の起業家にノウハウや考え方を伝え、最初の一歩を導いた。誰にでもわかりやすく、行動しやすいノウハウと伝え方で、「今井さんの話を聞いたら安心する」「自分でも成功できるんだと思える」「勇気が湧いてくる」と、たくさんの起業家に支持されている。

WEBサイト　http://carriageway.jp/

この作品に対する皆様のご意見・ご感想をお待ちしております。

おハガキ・お手紙は以下の宛先にお送りください。

【宛先】

〒150-6005 東京都渋谷区恵比寿4-20-3 恵比寿ｶﾞｰﾃﾞﾝﾌﾟﾚｲｽﾀﾜｰ 5F
（株）アルファポリス　書籍感想係

メールフォームでのご意見・ご感想は右のＱＲコードから、
あるいは以下のワードで検索をかけてください。

アルファポリス　書籍の感想　検索

ご感想はこちらから

必ず成功する起業の心得

今井　孝 著

2019年 12月 31日初版発行

編　集－原　康明
編集長－太田鉄平
発行者－梶本雄介
発行所－株式会社アルファポリス
〒150-6005 東京都渋谷区恵比寿4-20-3 恵比寿ｶﾞｰﾃﾞﾝﾌﾟﾚｲｽﾀﾜｰ5F
TEL 03-6277-1601（営業）03-6277-1602（編集）
URL https://www.alphapolis.co.jp/
発売元－株式会社星雲社
〒112-0005 東京都文京区水道1-3-30
TEL 03-3868-3275
装丁・中面デザイン－ansyyqdesign
印刷－中央精版印刷株式会社

価格はカバーに表示されてあります。

落丁乱丁の場合はアルファポリスまでご連絡ください。

送料は小社負担でお取り替えします。

ISBN 978-4-434-26679-9 C0034